ETUDES

PALEOGRAPHIQUES ET HISTORIQUES

SUR DES

PAPYRUS DU VIme SIECLE

EN PARTIE INEDITS

RENFERMANT

DES HOMELIES DE SAINT AVIT

ET DES

ECRITS DE SAINT AUGUSTIN

GENEVE

IMPRIMERIE DE JULES-GUILLAUME FICK

1866

ETUDES

SUR DES PAPYRUS

RENFERMANT

DES HOMELIES DE SAINT AVIT

et des

ECRITS DE SAINT AUGUSTIN

CONTENU DU VOLUME.

AVERTISSEMENT.

Tous les jours on découvre des textes ou des monuments qui éclairent d'une lumière nouvelle l'histoire de l'antiquité. Il est très-rare, au contraire, que le hasard fasse retrouver des documents de l'époque où les barbares d'Occident se partagèrent les lambeaux de l'empire romain. C'est une période de désolation, de destruction et par conséquent de pauvreté.

Aussi la découverte inattendue et la restitution d'un texte inédit du sixième siècle, écrit sur papyrus, est-elle une trouvaille qui doit valoir à son auteur, M. Léopold Delisle, de l'Institut de France, la reconnaissance de tous les amis des études historiques. Mais cet éminent paléographe a des droits plus directs encore à la gratitude des lettrés genevois, puisque le nom de Genève figure en tête du document qu'il a retrouvé et au moyen duquel il a pu reconstituer toute une homélie prononcée par saint Avit, évêque de Vienne, à l'occasion de la dédicace d'une église qu'avait érigée Maxime, évêque de Genève.

La Notice, où M. Delisle a fait connaître le résultat de sa découverte, forme la première des Etudes contenues dans ce volume. Elle renferme, outre l'homélie reconquise, les fragments d'un autre discours de l'évêque de Vienne relatif à Genève, et elle traite, d'une manière qui ne laisse rien à désirer, tout ce qui concerne la restitution paléographique des textes.

Elle fournit ainsi des matériaux authentiques et une base solide à l'étude historique dont ces productions d'Avitus peuvent être l'objet ou l'occasion. Cette étude a été tentée par M. Albert Rilliet, qui a été ainsi conduit à discuter quelques points obscurs de l'histoire du diocèse de Genève et du célèbre monastère d'Agaune en Valais. Son travail forme le second des mémoires qui sont ici réunis.

Ce sont également les rapprochements ingénieux de M. Delisle qui ont suggéré à M. Henri Bordier la pensée de rechercher si des papyrus de la même date, contenant des lettres et des sermons de saint Augustin et dispersés entre Paris et Genève, ne pourraient point aussi se compléter les uns les autres et enrichir les œuvres de l'évêque d'Hippone de pages inédites. Il a consigné le résultat de ses recherches dans une dissertation qui fait suite aux deux précédentes.

On a pensé qu'il y aurait quelque avantage et quelque intérêt à rassembler ces diverses Etudes, qui sont éparses dans des volumes différents des Mémoires édités par la Société d'histoire et d'archéologie de Genève, avec le consentement de laquelle on les publie ici sous cette nouvelle forme. On y a joint le fac-simile intégral du texte de la grande homélie de saint Avit et celui de deux fragments des sermons de saint Augustin; ces fac-simile ne se trouvent pas dans les Mémoires susdits, et ils forment, grâce à l'habileté de M. Pilinsky, une des productions les plus parfaites de la calligraphie imitative.

Genève, Janvier 1866.

NOTICE

SUR

UN FEUILLET DE PAPYRUS

récemment découvert

A LA BIBLIOTHEQUE IMPERIALE DE PARIS

et relatif à la

basilique que Maxime, évêque de Genève, substitua vers l'année 516
à un temple payen

PAR

LEOPOLD DELISLE

de l'Institut de France (Académie des Inscriptions et Belles-Lettres)

Les anciens manuscrits ont quelquefois passé par de bien étranges vicissitudes. On se rappelle cet exemplaire de Virgile, écrit en lettres capitales, dont M. Pertz a récemment suivi les destinées avec tant de sagacité [1]; le Vatican en possède plusieurs feuillets que Claude Dupuy offrit à Fulvio Orsini, vers la fin du seizième siècle; Mabillon en examina un deuxième fragment dans les restes de la bibliothèque de Pithou, qui, du temps de Louis XIV, appartenaient au ministre Le Peletier; un troisième fragment, composé de trois feuillets, s'est rencontré en 1862 dans le cabinet d'un savant hollandais et a été acquis par M. Pertz pour la bibliothèque de Berlin.

L'histoire du manuscrit dont je m'occuperai dans cette notice n'est guère moins extraordinaire. Il s'agit d'un livre écrit sur papyrus. Les monuments de ce genre, qu'il faut bien se garder de confondre avec les rouleaux, sont extrêmement rares. La matière dont ils étaient formés présente si peu de consistance qu'il est encore étonnant que plusieurs aient pu traverser tout le moyen âge et nous arriver dans un état satisfaisant de conservation. A l'époque même où l'on employait

1. *Ueber die Berliner und die Vaticanischen Blätter der ältesten Handschrift des Virgil*; Berlin, 1863, in-4°. C'est un extrait des Mémoires de l'Académie de Berlin, année 1863; un supplément a paru dans le compte rendu mensuel des travaux de cette Académie, séance du 21 avril 1864.

le papyrus, on savait parfaitement que cette substance était exposée aux plus grandes chances de destruction, et un auteur du sixième siècle parlait ainsi d'un ouvrage de saint Augustin : « C'est un livre de papyrus, qui demande beaucoup de ménagements, car vous savez combien le papyrus est sensible à l'action du temps[1]. »

Nous devons donc nous estimer heureux de posséder une dizaine de fragments de livres latins écrits sur papyrus. Les plus importants[2] sont les trois manuscrits de la Bibliothèque impériale de Paris, dont je vais dire quelques mots, le Saint-Hilaire de la Bibliothèque impériale de Vienne, le Josèphe de la bibliothèque ambroisienne à Milan, le Saint-Isidore de Saint-Gall et le Saint-Augustin de Genève.

Le plus ancien des manuscrits latins sur papyrus de la Bibliothèque impériale de Paris est classé sous le n° 12475. Il était avant la Révolution dans l'abbaye de Saint-Germain-des-Prés. Les feuillets dont il se compose sont dans un tel état de dégradation qu'on peut à peine en lire quelques mots. Ce qui en a été déchiffré par les Bénédictins et par M. Hase semble appartenir à des rescrits impériaux du Ve siècle.

C'est aussi de Saint-Germain-des-Prés que nous est venu le Saint-Augustin sur papyrus conservé sous le n° 11641 du fonds latin. Ce manuscrit paraît avoir été tiré de la biblio-

1. « Chartaceus liber est, et ad ferendum injuriam parum fortis, quia citius charta, sicut nostis vetustate consumitur. » Taurentii epistola ad Kuricium, dans Marini, *I papiri*, p. XIV.

2. Je renvoie pour plus de détails à la préface que Marini a mise en tête de son grand ouvrage : *I papiri diplomatici*; Rome, 1805, in-folio.

thèque de Saint-Just de Narbonne. Il est formé de cahiers d'inégale grosseur, mais qui tous commencent et finissent par un feuillet de parchemin, disposition qui donne plus de consistance au livre. L'écriture est une belle onciale, qu'on peut rapporter au VIe siècle. Notre manuscrit 11416 latin et le manuscrit que la ville de Genève doit à la générosité du professeur Lullin offrent une telle ressemblance, dans le format, dans l'assemblage des cahiers et surtout dans les caractères paléographiques, qu'il est difficile de ne pas les prendre tous deux pour des débris d'un seul et même exemplaire des œuvres de saint Augustin.

Le troisième manuscrit sur papyrus de la Bibliothèque impériale est un recueil des lettres et des homélies de saint Avit, dont la transcription est assurément du sixième siècle. Jusqu'à ces derniers temps, nous en possédions : 1° sous le n° 8913 du fonds latin, quatorze feuillets, plus ou moins mutilés ; 2° sous le n° 8914 du même fonds, une trentaine de lambeaux qui ont jadis appartenu à des feuillets dont le sort nous est inconnu.

Tous ces fragments sont depuis longtemps à la Bibliothèque, quoiqu'ils ne figurent pas sur les anciens catalogues. Ils sont cités comme conservés à la bibliothèque du roi, par D. Ruinart en 1689[1], par Mabillon en 1704[2] et par les auteurs du Nou-

1. « Has autem schedas quæ in bibliotheca regia modo asservantur, vivente adhuc Avito, aut saltem paullo post ipsius obitum scriptas fuisse affirmant qui eas inspexerunt viri peritissimi. » *Acta sincera*, éd. de 1731, p. 238, col. 2.

2. « Duo codices, unus bibliothecæ regiæ, Aviti homilias continens... » *Librorum de re diplom. supplementum*, p. 10.

veau traité de diplomatique en 1754[1]. Ils avaient précédemment fait partie de la bibliothèque du président de Thou. C'est là qu'ils furent étudiés par le P. Sirmond, qui en donna de courts extraits dans son édition de saint Avit, imprimée en 1643 et reproduite en 1696 dans le second volume des OEuvres du savant jésuite. C'est également chez de Thou que Jérôme Bignon dit avoir trouvé ces curieux débris, dont il fit une copie, qui fut revisée par Bigot, et qui, tombée dans les mains de Baluze, entra à la bibliothèque du roi en 1719[2].

Les travaux de Sirmond et de Bignon ne prouvent pas seulement que les fragments de saint Avit appartenaient à la famille de Thou dans la première moitié du XVIIe siècle ; ils montrent encore que dès cette époque le manuscrit ne se composait que de quatorze feuillets.

Rien ne pouvait faire espérer la découverte de nouveaux morceaux de ce manuscrit quand, au mois de janvier dernier, un des hommes de service attachés au département des manuscrits, Emile Dambreville, m'annonça tout joyeux qu'il venait de trouver « quelque chose de bon » : en même temps il me montrait un feuillet de papyrus, admirablement conservé, que je reconnus sur-le-champ pour appartenir à notre manuscrit de saint Avit. Ce nouveau feuillet a été aussitôt rapproché des quatorze feuillets que la Bibliothèque impériale possédait

1. « La première espèce (d'écriture gallicane cursive) peut être appelée romano-gallicane, tant elle approche de la cursive romaine la plus élégante, la plus hardie et la plus majestueuse ! Le modèle que nous en donnons d'après D. Mabillon est tiré du célèbre manuscrit de saint Avit, en papier d'Égypte, de la bibliothèque du roi. » *Nouveau traité de diplom.*, III, 422.

2. La copie de Bignon occupe les feuillets 71 à 78 du volume 297 de la collection de Baluze.

anciennement; il forme aujourd'hui la feuille 15 du manuscrit latin 8913.

Le volume dans lequel Emile Dambreville avait fait cette importante trouvaille, est le manuscrit latin 11859, jadis n° 113 du fonds français de Saint-Germain. C'est un grand in-folio, rempli des travaux d'un savant médecin du seizième siècle, Jacques Daleschamps, sur l'ornithologie. Il est entré à la Bibliothèque nationale en 1795, et il n'est pas admissible que ce soit depuis cette époque qu'on y ait placé un feuillet de papyrus, dont aucune note d'ailleurs n'atteste l'entrée ou la présence à la Bibliothèque.

Le manuscrit de Daleschamps fut conservé à l'abbaye de Saint-Germain-des-Prés, depuis 1715 jusqu'à la Révolution. Ce n'est pas non plus à cette période que l'on peut rapporter l'insertion du feuillet de papyrus dans le manuscrit. Les Bénédictins, qui faisaient un si grand cas des fragments de saint Avit, conservés à la bibliothèque du roi, auraient été trop fiers d'en posséder un feuillet dans leurs collections pour ne pas le mentionner sur leurs catalogues et pour ne pas le citer de préférence aux fragments de la bibliothèque du roi.

Avant d'arriver à Saint-Germain, le manuscrit de Daleschamps faisait partie de la bibliothèque de Seguier. Je croirais encore difficilement que les bibliothécaires du chancelier n'eussent pas apprécié la valeur d'un antique feuillet de papyrus s'ils en avaient eu connaissance, et je doute fort qu'on doive leur en attribuer l'introduction dans le volume de l'Ornithologie de

Daleschamps. Nous sommes donc amenés à supposer que le feuillet dont il est ici question s'y trouvait déjà quand Seguier en devint propriétaire.

Il importe de faire observer que le manuscrit de Daleschamps venait de Lyon. Sur le premier feuillet on a tracé une note qui est aujourd'hui en partie déchirée, mais dont les mots suivants sont encore parfaitement lisibles : « Achepté à Lyon des héri-« tiers de Rouille q...... cinq livres l'an 1626, revenant d'Italie. « DE SAINT BASILE ». D'autre part, il est certain que les fragments de saint Avit recueillis par le président de Thou appartenaient primitivement à l'église Saint-Jean de Lyon. A cet égard, le témoignage de Guillaume Paradin ne laisse aucune espèce de doute. « Je ne veux omettre, écrivait cet historien en 1573 [1], qu'en l'église de Sainct Jean se trouvent certains livres fort anciens, escrits en escorce d'arbre, dont l'un est lisable et contient un commentaire sur les psalmes : l'autre qui n'est relié, ains lacéré et imperfait, est escrit en caractères antiques, et qui bonnement ne se peuvent lire, combien que la lettre soit belle et nette, et semble à plusieurs qui ne sont stilez à tels caractères que ce soit lettre grecque, mais véritablement ce sont lettres latines, dont la forme est dissemblable aux nostres, pour la diversité des caractères, qui fait que, quelque bon esprit que ce soit, il luy seroit mal aisé d'en lire une page en huict jours. A la vérité, ce sont des œuvres d'Avitus, archevesque de Vienne, qui florissoit environ l'an cinq cens et vingt. Car il y a une

1. *Mém. de l'hist. de Lyon*, p. 103.

homélie de la conversion de Lenteildis, sœur germaine du roy Clovis, laquelle fût lors convertie de l'hérésie arrienne à la vraye et catholique chrestienne. Il y a plusieurs autres traictez, monstrans manifestement que ce sont des œuvres d'Alcimus Avitus, insigne théologien et excellent poëte, lequel est nommé en l'un d'iceux livres, en une épistre, de laquelle le titre est tel: *Avitus episcopus papæ Constantinopolitano*. Il y a aussi une homélie prononcée quand un grand seigneur de Lyon, nommé Sigistricus, et sa sœur furent convertis de l'hérésie arrienne. Aucuns ont estimé que ces livres sont de toille, les autres de joncs du Nil, parce qu'il semble qu'il y a des filamens; il y en a qui ont opinion que ce sont petites pièces de bois, collées et rapportées l'une à l'autre, car il y en a aucunes qui semblent se décoller, et ne peut on bonnement deviner ce que c'est. Tant il y a que c'est chose vénérable et digne d'être conservée pour la révérence de l'antiquité. »

N'y a-t-il pas lieu de conjecturer que le manuscrit de saint Avit, sorti de la bibliothèque de Saint-Jean de Lyon, vers la fin du XVIe siècle, aura été dépecé dans cette ville, que le président de Thou en aura acquis le fragment le plus considérable, composé de quatorze feuillets et d'une trentaine de lambeaux; qu'un amateur lyonnais s'en sera procuré un feuillet, dont il aura cru mieux assurer la conservation en le plaçant dans un volume de grand format, tel que l'Ornithologie de Daleschamps; et que le reste, c'est-à-dire trente feuillets au moins, aura été dispersé ou détruit?

Quoi qu'il en soit, les savants pourront désormais étudier à la Bibliothèque impériale un quinzième feuillet de saint Avit, dont l'intérêt est pour le moins égal à celui des quatorze feuillets anciennement connus.

Le recto du nouveau feuillet est à peu près entièrement occupé par la fin d'une homélie qui dut être prononcée à la fondation d'un établissement religieux et charitable. Vient ensuite un titre ainsi conçu :

[1] DICTA IN DEDICATIONE BASILICAE QUAM MAXIMUS EPISCOPUS IN JANAVIN[SIS] URBIS OPPIDO CONDEDIT . . . . [2] DISTRUCTO INIBI FANO.

Nous avons donc sous les yeux le discours prononcé par saint Avit à la dédicace d'une basilique que l'évêque Maxime avait fondée à Genève, en remplacement d'un temple païen qui venait d'être supprimé. Le prélat commence par rappeler une fête qui avait eu un grand retentissement dans le royaume des Bourguignons, la consécration du monastère d'Agaune[3] ; puis il se félicite des progrès de la vraie religion et de l'affai-

1. Dans la marge, en regard de ce titre, est tracée une croix aux bras de laquelle sont suspendus l'alpha et l'oméga. Ce signe se rencontre plusieurs fois dans les fragments du manuscrit de saint Avit, et notamment sur le lambeau qui est coté 16 dans le n° 8914 du fonds latin.

2. Ici, deux ou trois mots ont disparu ; on distingue encore la partie supérieure de plusieurs lettres dont ces mots étaient composés. On pourrait à la rigueur proposer de lire : IN AG.. AD SENESTRUM.

3. Le sens des mots *institutio Acaunensium* est parfaitement clair ; mais je ne sais comment expliquer les mots *Namasce dedecatio* ; je ferai cependant remarquer que *Namasce* rappelle tout naturellement le nom d'un des successeurs de saint Avit, NAMATIUS, dont l'épitaphe nous est parvenue (Duchesne, *Scriptores*, I, 516) et dont il est question dans les poésies de Fortunat (IV, XXVII).

blissement de l'hérésie arienne. La cérémonie à laquelle il assiste lui cause un surcroît de bonheur. Quoi de plus heureux que la transformation d'un temple païen en une basilique chrétienne? Au culte des idoles va succéder la vénération des martyrs. D'une semence de mort vont sortir des fruits de vie. C'est déjà beaucoup de détruire un poison : qu'est-ce donc de le changer en un remède? Les épines sauvages vont se métamorphoser en fleurs aux plus belles couleurs et aux plus suaves parfums. Qu'importe s'il y avait là un affreux buisson dont personne ne pouvait s'approcher sans être blessé? Désormais on n'y apercevra plus que les roses les plus délicates.

La page se termine par les premiers mots d'une comparaison empruntée au voyage d'Israël vers la terre promise : *Sic quondam dum priscus Hisrahilita terram repromissionis expeterit, aredam squalentemque herimi....* J'ai constaté que la suite de cette phrase se trouvait sur un des feuillets anciennement connus, celui qui est coté 6, et qui a été monté à l'envers, c'est-à-dire que le relieur en a pris le verso pour en faire un recto, et réciproquement. Ce feuillet commence par les mots *faciem cælestis cibi candor aspersit*, qui sont le complément naturel de la phrase restée inachevée au bas du feuillet nouvellement découvert : c'est ainsi qu'autrefois, quand le vieil Israël se dirigeait vers la terre promise, la blancheur d'une nourriture céleste couvrit la face aride et hideuse du désert. C'est ainsi que du rocher jaillit une eau vivifiante. Mais à quoi bon vanter les miracles de Moïse et ceux d'Elysée? Votre pontife, s'écrie saint Avit, en montrant aux Genevois l'évêque Maxime, votre pontife vient d'accomplir d'aussi grandes merveilles. En effet, y a-t-il plus de mérite à convertir des créatures par la prière qu'à introduire le Créateur dans un édifice d'où son ennemi vient d'être chassé? A la vérité, les Ariens qui nous entourent vont désormais se substituer aux Gentils. S'il n'y a plus de païens pour adorer plusieurs dieux, nous verrons la désolation de l'hérétique qui ne veut pas qu'on prie un Dieu un. Lui qui divise la Trinité aime la multiplicité des dieux et fait cause commune avec ceux qui se créent une foule de divinités. Mais pourquoi se plaindrait-il? Personne n'est écarté. Que ceux qui sont encore engagés dans la voie de la perdition prennent leur part aux biens des fidèles qui marchent dans la voie du salut. Nous condamnons les édifices des cultes profanes, mais nous livrons des temples aux fauteurs de ces cultes qui se convertiront. Que ceux donc qui aimaient la divinité divisée, viennent l'adorer ici dans son unité! Que ceux qui vénéraient des pierres, reconnaissent maintenant le Christ pour le fondement de leurs croyances! L'autel des sacriléges est tombé; un autel s'élève pour les sacrifices. Le nom est le même, mais l'objet est bien différent. Le serpent d'airain a guéri les morsures du serpent de feu. Nos adversaires ont cédé. Ils ont dû, malgré eux, souffrir un bonheur qu'ils ne méritaient pas d'offrir. On dirait qu'ils jouent le rôle des corbeaux du prophète Hélie. L'orateur termine son discours par une péroraison dans laquelle il résume les motifs que toute l'assistance a de s'abandonner à des transports d'allégresse[1].

La date de l'homélie qui vient d'être analysée, et dont le texte est reproduit plus bas[2], peut être approximativement fixée à l'année 516, c'est-à-dire à l'époque de la consécration du monastère d'Agaune, mentionnée dans les premiers mots du discours. L'évêque Maxime qui, dans cette circonstance, reçut les félicitations de saint Avit, figure dans plusieurs documents authentiques, depuis 516 jusqu'en 533[3], dates qui sont bien en rapport avec la durée de l'épiscopat de saint Avit (de 490 à 525).

Ce fut, selon toute apparence, sous le pontificat du même évêque, que fut célébrée à Genève une autre dédicace, à laquelle saint Avit prit également part. Il y prononça une homélie, dont quelques passages ont été publiés, mais dont l'ensemble n'a pas encore été mis au jour. C'est une lacune qu'on peut essayer de combler à l'aide des feuillets recueillis par de Thou. Au haut du feuillet 4, on lit ce titre, qui a été incomplétement donné par Sirmond, mais que les principaux historiens de Genève[4] ont connu d'après une note de Gode-

1. La fin du feuillet 6 est remplie par le commencement d'une homélie intitulée : DICTA IN BASILICA SANCTI PETRI QUAM SANCTUS EPISCOPUS TARANTASIA CONDEDIT.

2. Appendice, n° I.

3. Voy. les textes rapportés dans le *Régeste genevois*, p. 18 à 22.

4. On lit dans l'*Histoire de Genève* par Spon (éd. de 1730, t. I, p. 24, note *h*) : « L'armée de Clovis courut tout le royaume de Bourgogne, où elle fit des ravages épouvantables. Genève fut enveloppée dans cette commune disgrâce. Les François saccagèrent cette ville et y brûlèrent une église. C'est ce qui paroît par le titre d'une homélie d'Avitus, archevêque de Vienne, que ce prélat prononça en la dédicace de cette même église

froi[1] : DICTA IN DEDICATIONE BASILICE GENOVA QUAM HOSTIS INCENDERAT.

A cette homélie appartient incontestablement une page du feuillet 4, peut-être aussi la seconde page du même feuillet, et selon toute vraisemblance, les deux pages du feuillet 12. J'ai donc cru devoir ajouter à la fin de cette notice[2] la transcription de ce qui peut être lu sur les feuillets 4 et 12. C'est au feuillet 12 que le P. Sirmond a emprunté les lignes qui forment les n. III et IV de ses fragments des homélies de saint Avit, et les historiens de Genève avaient déjà soupçonné que le quatrième fragment se rapportait à la dédicace de leur église ; mais ils n'ont élevé aucune prétention sur le troisième. Ce dernier ne peut cependant pas être séparé du quatrième : il suffit, pour s'en convaincre, de voir comment les deux morceaux se font suite dans le manuscrit original.

On a encore voulu attribuer à l'église de Genève la seconde partie du premier fragment de Sirmond ; mais cette attribution est fort incertaine, puisque le feuillet 14, d'où le savant jésuite a tiré les deux parties de son premier fragment, ne

quand elle fut réparée. Ce titre étoit conçu en ces termes : *Dicta*, etc. Godefroi, dans ses mémoires, cite ce titre de cette manière, qu'il a tiré, comme il dit, d'un manuscrit en écorce d'arbre, qui étoit dans la bibliothèque du président de Thou et que ce magistrat lui avoit communiqué. » Conf. les auteurs cités dans le *Régeste genevois*, p. 19.

1. Voici le texte même de la note de Godefroi, qui est conservée aux Archives de Genève et dont je dois la communication à M. Bordier : « Je trouve en mesme temps que Genève fut brulée par une incursion des François sur les Bourguignons, ce que j'apprends d'une homélie d'Avitus, archevêque de Vienne, qu'il prononça en la dédicace d'une église de Genève, et que j'ai descripte d'un manuscrit en escorce d'arbre de la bibliothèque de feu M. le président de Thou, mon cousin : *Dicta in dedicatione basilicæ Geneva quam hostis incenderat.* »

2. Appendice, n° II.

porte aucune trace de titre et qu'il n'y a guère moyen d'y voir la suite d'une des homélies dont les sujets sont incontestablement connus.

Encore bien que j'élève des doutes sur l'attribution faite à l'église de Genève de la seconde partie du premier fragment de Sirmond, on me permettra d'appeler l'attention des archéologues sur ce texte, qui n'a point encore été publié dans son intégrité[1], et qui, malgré les mutilations qu'il a subies, n'est peut-être pas à dédaigner pour l'histoire de l'architecture au sixième siècle. On y voit que les basiliques voûtées étaient alors un sujet d'admiration.

Du passage relatif aux voûtes, le P. Sirmond n'a donné que dix-neuf mots, pris un peu au hasard et ne formant point un sens complet. C'est un exemple qui, joint aux précédents, montre que nos fragments de papyrus ont encore été fort imparfaitement explorés[2]. Espérons qu'un investigateur intelligent les soumettra bientôt à un examen approfondi et nous en donnera une édition, dans laquelle pourra trouver place le morceau dont le hasard vient de nous révéler l'existence.

1. Voy. plus bas Appendice, n° III.

2. Ces fragments n'ont pas été mis à profit par les auteurs des trois monographies dont saint Avit a été l'objet dans ces dernières années et dont voici les titres : *Saint Avite, évêque de Vienne, sa vie et ses écrits, dissertation présentée à la Faculté de philosophie et lettres de l'Université catholique de Louvain*, par M. l'abbé P. Parizel (Louvain, 1859, in-8° de 328 pages) ; — *De sancti Aviti Viennæ episcopi operibus commentarium ; thesim Facultati litterarum Parisiensi proponebat* Victor Cucheval (Paris, 1863, in-8° de 112 pages) ; — *Notice sur saint Avite, évêque de Vienne, lue à l'Académie des sciences, belles-lettres et arts de Lyon dans la séance du 12 mai* 1863, par M. A. de Lagrevol (Lyon, 1863, in-8° de 31 pages). — Le fac-simile et la lecture des feuillets 3 et 9 des fragments ont été publiés en 1840 dans le fascicule in-folio intitulé : *Chartes et manuscrits sur papyrus de la bibliothèque royale, collection de fac-simile accompagnés de notices historiques et paléographiques, et publiés pour l'école royale des chartes*, par M. Champollion-Figeac ; planches XIII et XVI.

I

Fol. 15, recto, ligne 17.

† DICTA IN DEDICATIONE BASILICAE QUAM MAXIMUS EPISCOPUS IN JANAVIN[SIS] |[18]URBIS OPPIDO CONDEDIT.................[a] DISTRUC[TO] | [19]INIBI FANO. Dicta omilia cum de institutione | [20]Acaunensium revertentis Namasce dedecatio caelebrata est,

Fol. 15, verso, ligne 1.

[a][b] gentebus nobis viarum cursu gratulationis procursum, fit continu|[2]atione sollemni quodam modo una fistivitas, et dum ambolatur de virtu|[3]tebus in virtutis, quod fatigat deffecultas itenerum, consolatur alacritas|[4]gaudiorum; princepis studio sacerdotis, anni sucriscunt, animae Deo,|[5]orationebus loca, premia construentebus templa martyrebus. Heretico raris|[6]cente, profectus religionis adicetur; dispendiis perfidiae fidis ricta ditatur.|[7]Paene est ut in praesentebus jam subradiit quod promittetur in futuris: |[8]insertum tritico lolium dogmatis arriani proventu adseduae separatio|[9]nis ariscit; servantur manipoli vincolis allegati, quos poena in perenni|[10]saeculo, in praesenti conburat invidia. Addit hanc etiam aedis hujus commu|[11]tatione felici de sacrilegio sanctitas, de vetustate novitas, de confusione|[12]nobilitas. Fructificat locus mar-

a. Sans rien affirmer, je crois distinguer ici les restes des lettres IN AG.. AD SENESTRUM.

b. Les lettres italiques placées entre crochets sont restituées par conjecture. Les lettres ordinaires placées entre crochets m'ont été fournies par la copie de Bignon, qui a étudié les quatorze premiers feuillets du manuscrit à une époque où ils étaient un peu moins mutilés que de nos jours.

tyrum quo fluruit cultus idolorum ; semen|[13]te mortefera, reditus vitalis excrevit. Magnum erat si perissent venena : |[14]quanto majus est successisse medicamina. Regnavit actinus velut|[15]in campo maledictionis incultae spinarum dinsa concritio, de qua ecce|[16]terrinis pariter satisfaciens supernis, dilictabelis tam odore quam|[17]speciae florum decor efflagrat, nec refert actinus horrentem rubum|[18]tactu aspero vicina punc-xisse, de quo tandem rosae blandeter mollis|[19]centis sero pudore vultus inrubuit. Sic quondam, dum priscus Hisrahili|[20]ta terram repromissionis expeterit, aredam squalentemque herimi

Fol. 6, verso, l. 1.

faciem caelestis cibi candor aspersit. Sic rupis eatinus cunctis vitat[*a et* (?)]|[2]inexperta largum sicientebus putum, mullitum duricia naturalis regore,|[3]profudit. Quid[a] mihi laudet antiquus Moysen suum aquas ab aevo aspe|[4]ras ligno castigante dulcasse ? Quid Aelyseum virte non inparem agrestis|[5]cibi amaritudine plenum libetem medici farris infusione condisse ? Haec|[6]quidem gesta exempli admirabilis fuisse quis nesciat ? Sed non menus hodiae|[7]vestro datum est sacerdoti quem par diversitas felices eventus parin p[ar]ib[us] |[8]adprobabit, cum menoris paene virtutis sit creaturas orando convertere|[9]quam hoste depulso creatorem hedebus invitasse. Inplet hic porro gentilium|[10]vices vicinantium arrianorum tabedus[c] libor, et si paganus hic forte jam deest|[11]qui plures Deos[d] vellit excoli, gemet hereticus qui unum conspecit exorari. Dili|[12]git quippe Trinitatis diviso[e] nummerositatem Deorum, et consanguene[o se]|[13]parationis affectu, pariter solidi-

a. Ici commence le deuxième fragment de Sirmond.

b. Parem paribus. Sirmond.

c. Turbidus. Sirmond.

d. Le manuscrit porte *ds* avec un signe d'abréviation, ce qui devrait peut-être se lire *Deus* plutôt que *Deos.*

e. Pour *divisor,* leçon que Sirmond a adoptée.

tate perrupta, multos Deos fieri [a consenta]|[14]neis adquiescit, sub quorum fabore quasi excusabileter ipse tris n[ume]|[15]ri[t]. Quid ingemiscat Christi vacuus nominatur locum nominebus interclu[sum]|[16]patuisse virtutebus? Nullus a salutis consortio prohebetur. Sit eis pare[ter]|[17]commune cum salvis quod actinus nostrum noluemus esse cum perd[itis].|[18]Profanis cultibus claustra damnamus; conversuris cultorebus templ[a pate]|[19]facimus. Expetat ergo hic solidum quisquis amaverat ante divisum. Recog|[20]nuscat [nun]c Christum petram quisquis hic dudum saxa veneratus est.

Fol. 6, recto, l. 1.

[Sa]crilegiis ara perit, venit ara sacrificiis. Nomen unum, causa diversa est. |[2]Medetur serpens hereus quo momordit ignitus[a]. Cessit constrictioni locum. |[3][Re cogi]tur ingratus, et indicta sibi necessitate beneficii quod offerre non meruit |[4][sed suf]ferre quoactus est. Potes corvos Helsae nostri depulsus frenato guttore|[5] ..... um portitotis cebo quem concupierant aliena magis pavisse jejunia. |[6][Læt]imur ergo exultatione concordi, effectu conditur, concursor adsensu, po|[7][pulus] lucro, tellus obs.....[b], fedelis ut permaneat, ne remaneat infedelis, |[8]...... utilior conversione dum caedit, quam intentione si vincerit agens|[9][ver]itatis capud salutis vinctum beatitudinis subjogatum quaestuosa|[10][del]ubri sui amissione multatus, tum se antiqua sede gaudeat potuisse de|[11][pel]li, cum intellexerit meliorebus nisi pulsum non posse restetui. Finit.

a. Fin du deuxième fragment de Sirmond.

b. Peut-être faut-il suppléer *obsequio*.

II

Fol. 4, ligne 1.

† DICTA IN DEDICATIONE BASILICAE GENOVA[a]
QUAM HOST[IS]
2 INC[ENDERAT].

3[b] Novimus et miramur ex evangelica lictione divitem[c]
4 Zacheum quo repentina salus domui suae fieri nihil
5 beatitudinis titulis opinanti in sanctam christian
6 revocationis adscitum cum videre cupiens
7 corporis exiguus sed arboris edito sublima
8 torum tuentibus humilis celsus imitan
9 habeo melius redimptorem posse cognusci qu
10 levassit ascensus huic scilecit dicetur quod in
11 ut ex divite mundi spiritu pauper adcurrat et p
12 pauperum sensu ditatus excipiat. Non ergo sp
13 pontefex vester nec pro similitudine dispicia
14 emitatur in dispinsatione substantiam quin
15 gavisurus exemplo non deffiteatur sequi cum
16 siquidem nesciens adsumptus est iste non amb
17 elictus est iste quia meruit ille provanda
18 am obtulit hic integram voluntatem magn
19 tio maximum nostra ibi tunc quadroplum p
20 bat hic hodiae centeplecatum reddetur quod
21 singol..... facta percurram laudari breviter

a. Les cinq premiers mots de ce titre ont été publiés par Sirmond, t. II, col. 141.

b. Je reproduis ce fragment ligne pour ligne, en faisant observer que dans le manuscrit de saint Avit les lignes, quand elles sont complètes, renferment une soixantaine de lettres. On peut, d'après cette donnée, calculer ce qui manque au bout de chaque ligne.

c. Sirmond a reproduit cette première ligne.

Fol. 4, verso [a].

hic culminebus diversa virtutis mole surgentebus
[ve]terum, institutio novitatum. Sileantur loca
errori, adjecta veritati, viduata idulis, disponsata
diem pertinet presenti gaudio materia
satisfieri per semet ipse se satians non
men hic mihi quantum reor t....i
tior instemando inmani opere par
[im]perfectionem sollicitudo antestitis
[di]ri per unum res caelo tam digna non
[di]stributo et transmissor refulgit et
[prae]sul inclete, religionis columen, capud
[sa]crificia instruis et sacerdotia nutris
oblationum premia criscunt merita
faecundum mercedis tuae germen
s pridem cum consinsu fidilium populo
efistis antestetem poscereris nutabat
[so]latii que jacturam conscientiam
inpediret

Fol 12, ligne 1.

c cum quod verba non expl[icant]......|[2] co[n] .... generali[a] exultatione gaudendum est quod..|[3] florentibus scyptris catholicae potestatis orationum loca, martyrum tem|[4]pla, liminum sacra, ornatur oppida non

a. Il n'est pas certain que le fragment consigné sur le fol. 4 verso fasse suite au fragment qu'on lit au fol. 4 recto. Il est permis de supposer que le relieur a renversé le feuillet 4, comme il l'a fait pour le feuillet 6; dans cette hypothèse, le fol. 4 verso contiendrait la fin d'une homélie. On serait tenté de s'arrêter à cette hypothèse, en considérant que la dernière ligne n'a pas été achevée; mais c'est une particularité qui se présente dans le manuscrit de saint Avit au bas de pages remplies par un texte dont la continuation se trouve à la page suivante; voyez, par exemple, le fol. 9.

b. Avec le mot *generali* commence le troisième fragment de Sirmond.

menus aedibus quam patronis. |5Immo potius inlustratae patrociniis fiunt urbis ex oppidiis. Quod si et |6speciales fisti gaudium praecunio currente tangamus. Est quidem[a] fa|7brica praesens jocunda loco, iminens[b] fluvio et confragosum vicino tor|8rentis tumultu[c] velut inpendentis reverentiae terrore castigat. Cohibetur|9venerabilebus ripis amnis artatus, et pendolam interjecti pontis semi[tam]|10ad altrinsecus expetenda sacrarum culmenum loca substernit. Aedis s[uf]|11ficiens diffusioni facta est angusta conventui, quaequae sic jocundetate h[a]|12bitacoli tam terrestria quam superna sollicetans cum populo suo vix|13sufficiat, suffecit de fabrica multifurmi. Opeficium[d] ingenio nitens expoli[t]|14noctem, adpolit lucem. Quid diu[e] tristibus tenebris arteficio proturbatis lae|15tior intra quondam[f] claretatis ergastolum felici custudia clausus e[st]|16dies. Sic quondam carcer retificis Petri pretiosum legamenum radio inlu[s]|17trante resplenduit, cum ferro suppliciis coaptatu[g] metallis pretiosiorebus|18plus lucerit, serrae fugerent patente adetu, catene caderent perstrepen[te]|19tennetu[h]. Sic cum vas elictionis lictione fidilium sensus instruer[et]|

Fol. 12, verso, l. 1.

. . . .

|2. . . . . sunt quorum hic patrocinia conlocam[u]. . . . .
|3[sat]ur accepit clavis, adponat hic potestatem lega. . . . .
. . . . commis|4sam soluturus exerceat. Hic Paulus arrianam

a. *Equidem.* Sirmond.
b. *Imminens.* Sirmond. — *Iminens* est probablement pour *eminens.*
c. *Vicini torrentis tumultum.* Sirmond.
d. *Sufficit de fabrica. Multiformi opificum.* Sirmond.
e. *Qui diu.* Sirmond.
f. *Quoddam.* Sirmond.
g. *Ferrum suppliciis coaptatum.* Sirm.
h. Fin du troisième fragment de Sirmond.

heresem torpidam frigore|[5]pericolosam veneno velut viperam mordecus dependentem ignebus prae|[6]dicationes amburat adque quantorum libet reliquias. Constructor eximiae|[7]geminis princepebus cunctos sanctorum nummerus contenetur. Gaude[a] igetur,|[8]invicte mercatur, dispensatione commissa. Profer de thesauro tuo nova|[9]et vetera, institutor rudium, labentium restitutor. Sit una in multiplici|[10][con]secratione sollemnitas. Erexisti lacrimarum machinis quod hostis alli-|[11][serat]. Rediit quae perierat furma templorum; recurrat et sanctitas. Non tu traditam|[12][tib]i minam damnante sudario terrinis scrovibus suffodisti, nec hoc tantum|[13][co]ntentus reddere quod dudum fuerat consignatum, illa referens, offerens ista,|[14][u]t frugem primitiarum melius porregas, prius studuisti solvere quod debebas.|[15]Quocirca, dilictissimi, orate quod superest ut si quid sacrum furatur adversitas|[16][Deo] ulciscente sic redeat; in multiplecis fructus granum tritici quod mortuum[b]|[17][pu]tabatur excriscat; velut Job nostri opes inter prilia temptacionis amissas|[18][v]icturiae meritum patientia duplecante restituat, et ut breviter cuncta|[19][co]ncludam, agnuscat praesentibus preteretisque successibus tam perpetrans|[20][quam] tolerans quam in aeternis salubris lacrimae nostrae erunt tribuere quas videmus|[21][fide]lebus etiam in temporaneis non perire[c]. [Finit.]

a. Le mot *Gaude* commence le quatrième fragment de Sirmond.

b. *Maturum.* Sirmond.

c. Le quatrième fragment de Sirmond s'arrête ici

III

Fol. 14, recto.

[1]magnitudinem locis quam superi
[2]gas sollicitatum arte fulgorem sursum
[3]nescierat expetisse. Sic alterno temporum
[4]gua mundo etiam certa domicilio jocund
[5]patiens non expectatur aurora, sed sapitur
[6]supernorum dispendio mittetur dies ut non m
[7]tit quam hic origenalia plenus inlustrit no
[8]reproductum de se lumen tenebris flamma c
[9]aedeficantis inventio arte caelesti nec me
[10]contra naturam loca refulsisse quam tempo......

..[ut in cunctis]|[11]fabra lignorum lapis saxis unitus adminicolum ....[ptibile non] .... |[12]Vos porro conicete quantum debeat ad pastus. . . . . |[13]etiam ex his quae desunt causam venire praecu[n]...... [absistente aedif.] ..... |[14]materiae materiam crevisse dicendi. Soliditas[a] [quae faciendis fabricis in]|[15]principiis quaeretur hic et culmen obtenuit. Fir[missimo aliarum aedium]|[16]fundamene cacumina nostra tutiora sunt, sinu[atis e regione fornacibus]|[17]dum se per totum scripturae arquatilis nisus ob[jectu mutuo propellit]|[18]ac sustenit, absque abitantum terrore, pend[olae libramine] ..... |[19]jacens conpage ponderis proprii, quo magis pr[emitur, plus]........|[20] Taceo hic urbanam dispositionem part......

a. Le bout de la phrase qui commence à *Soliditas* et finit à *tutiora sunt* forme la seconde partie du fragment de Sirmond.

Fol. 14, verso.

1 ribus margaritis facies venustissime
2 [b]us facta solacio viantem diligenssimo
3 [r] nihil praecor invidias saeculo meo
4 [q]uens aetas quod veteriscere non potest tu
5 [tu]s ad commendandum perennitati aedis hujus
6 [ob]tutebus totum suffecit tam casibus nihil lice
7 [q]uoque tempora quod geratio successura mire
8 conatibus rudia operum sed e diverso vincemus
9 [mi]nus est nos laborante mundo aliquanta conce
10 [ma]xema peperisse. Sic[a] quondam Petrus apostolorum ca|[11][pud, id est princepum princ]eps quamlibet commotum ventis pelagus formidaret|[12][adreptum tamen fluvidi t]eneris[b] callem victur explecuit adque undis ponti furen|[13][tis velut hostilium turbinum] mollibus eluctatis flatum timptationis adversae|[14][priusquam sede continger]it fede contrivit; secuta est illic serenitas iter per|[15][actum. Hic quoque non min]us ad habitationem quam ad imagenem Petri aedem fide|[16][fundatum securitas qua]e non praecesserat insequetur. Innovet autem idem nunc|[17][apostolus dignam sui nomi]nis sedem! Hisdem clavibus pandat hic locum quibus |[18][aperit regnum! Solvat nun]c quae sibi ostensae fuerent conpedes criminum[c], cum|[19]......... [prius erga]stolarium reliquias vincolorum quorum ferro tac|[20]...... [loci congesta] sunt regalis auri talenta viluerunt cum inposita|[21]....... [crarentur] instrumenta supplicii, cum exclusum ab hominibus|[22].............. rebus manc [ipat].

a. Commencement de la première partie du premier fragment de Sirmond.

b. *Fluvidi tenens.* Sirmond. — *Fluvi dil tenens.* Bignon.

c. Fin de la première partie du premier fragment de Sirmond.

CONJECTURES HISTORIQUES

SUR LES HOMELIES

PRECHEES PAR AVITUS, EVEQUE DE VIENNE

DANS LE DIOCESE DE GENEVE

et dans le

MONASTERE D'AGAUNE EN VALAIS

PAR

ALBERT RILLIET

ancien Professeur à l'Académie de Genève.

Nous n'aurions rien à ajouter à la savante *Notice* de M. L. Delisle sur l'homélie d'Avitus relative à Genève, s'il avait abordé et épuisé, comme il l'a fait pour la question paléographique, l'étude historique et littéraire de cette production oratoire, si heureusement retrouvée et si habilement reconstituée par lui[1]. L'intérêt général qui s'attache à cette découverte et à cette restitution s'accroît, pour des Genevois, de l'intérêt particulier que prend à leurs yeux un discours en tête duquel se lit le nom de leur ville, et qui semble avoir été prononcé, il y a plus de treize siècles, dans les lieux mêmes qu'ils habitent[2].

Ce n'est pas qu'Avitus et ses homélies soient pour notre histoire de nouveaux venus. Déjà, dans cette collection mutilée, à laquelle vient de faire retour un de ses fragments dispersés, le nom de Genève, inscrit devant le début d'un autre discours, avait attiré l'attention de nos prédécesseurs, et l'on savait que notre cité avait eu jadis le privilége d'apprécier l'éloquence d'un orateur qui passait pour l'un des plus diserts de son temps. Mais ce qu'il avait dit alors, il était difficile de

1. On ne pourra donc plus dire avec M. Ampère (*Hist. littéraire de la France*, t. II, n. 194), que « l'on ne possède d'Avitus qu'une seule homélie ».

2. Le présent *Mémoire* a été lu à la Société d'Histoire et d'Archéologie de Genève, dans ses séances du 9 et du 30 novembre 1865.

le constater avec quelque apparence de certitude. Le titre de l'homélie, où se trouvait le nom de Genève, était suivi d'une seule ligne de texte, et ce n'était qu'au moyen de conjectures plus ou moins plausibles, qu'on y rattachait quelques-uns des fragments incomplétement publiés, comme ce titre même, par le P. Sirmond dans son édition des œuvres de saint Avit[1].

Ce qui reste du recueil de lettres et d'homélies conservé à Paris se compose de feuillets de papyrus, qui non-seulement ne forment pas entre eux une série continue, mais dans chacun desquels, grâce à la maladresse du relieur moderne, on n'est pas toujours certain de trouver sur les deux faces de la même feuille la suite du même sujet. Les exemples qu'en donne M. Delisle suffisent à démontrer ce fait, que nous avons constaté nous-même d'après la copie très-exacte dressée jadis par Jérôme Bignon. L'incorrection plus qu'ordinaire du texte contenu dans ces papyrus permet d'ailleurs de penser qu'on ne doit point envisager ceux-ci comme ayant appartenu à l'un des exemplaires écrits sous les yeux et par ordre de l'auteur. Lui-même nous apprend, en effet, que, « sur l'exhortation de ses amis, il a bravé les périls de la publicité, en rassemblant en un seul volume un petit nombre de ses homélies »[2]. L'inquiétude de l'homme de lettres, qui perce sous les paroles de l'évêque, semble indiquer qu'Avitus mettait tous

1. *S. Aviti Viennensis archiepiscopi Opera, edita nunc primum, vel instaurata, curâ et studio Jacobi Sirmondi, Societatis Jesu Presbyteri.* Parisiis, Cramoisy, 1643, 8°; et dans le second volume des *Opera varia theologica J. Sirmondi.* Paris, 1696, fol.

2. Aviti Opera, p. 213.

ses soins à paraître le plus avantageusement possible sur la scène littéraire. Il est donc infiniment probable que la copie parvenue seule jusqu'à nous doit être d'une date postérieure à l'époque d'Avitus, sans sortir toutefois des limites du sixième siècle, où les paléographes s'accordent à la renfermer.

C'est au commencement de cette période séculaire que florissait saint Avit lui-même, dont on fixe en général la naissance aux environs de l'an 460 et la mort vers 525. Ce fut l'un des plus importants personnages de son temps : mêlé à toutes les grandes affaires de la religion et de la politique, il exerça sur les princes, sur les peuples, sur l'Eglise, une influence prépondérante. Aux talents de l'orateur et du poëte il joignait l'autorité que sa haute naissance et sa grande position suffisaient déjà seules à lui assurer. Revêtu de la dignité de sénateur romain, et issu d'une famille illustre des Gaules, où la charge épiscopale était comme héréditaire depuis plusieurs générations, il avait succédé lui-même à son père Isicius sur le siége de Vienne en Dauphiné et il possédait, comme évêque de cette ville importante, le rang et les priviléges de métropolitain de l'évêché de Genève. Rien de plus naturel, par conséquent, que de le voir exercer, dans le territoire de sa province ecclésiastique, le droit de consécration ou de dédicace des édifices religieux, droit expressément refusé dans chaque diocèse (sauf le consentement de l'ordinaire), par les conciles d'Orange (441) et d'Arles (452), aux évêques étrangers.

Dans l'accomplissement des hautes fonctions religieuses qui lui étaient dévolues, Avitus apportait un zèle, une persévérance, des convictions, qui firent de lui l'un des prélats les plus actifs et les plus marquants de son siècle. Il avait des prérogatives de l'épiscopat la plus haute idée et il les maintenait dans le gouvernement de l'Eglise avec un soin jaloux. Nul mieux que lui ne représente ce que devait être au milieu d'une société, en partie civilisée, en partie barbare, le rôle d'un homme qui, doué de savoir, de talents et d'intelligence, parlait au nom de la religion. Son caractère offrait d'ailleurs un singulier mélange d'énergie et de servilité, de raideur et de souplesse. Tour à tour le censeur et le complaisant des pouvoirs politiques, il se montrait plus rigide défenseur des droits de l'Eglise que de ceux de la morale. On le voyait pousser le courage jusqu'à braver l'exil, pour n'avoir pas voulu sacrifier au favori d'un prince la rigidité des lois canoniques[1], et la bassesse, jusqu'à consoler, ou féliciter pour mieux dire, un souverain resté seul maître du trône, de la mort providentielle de ses frères, dont ce souverain lui-même était le meurtrier[2]. Il est vrai que les intérêts de l'Eglise y

1. Voyez dans la Vie de saint Apollinaire, évêque de Valence, et frère d'Avitus (Dom Bouquet, *Recueil des historiens des Gaules*, t. III, p. 404), la résistance opposée par ces deux prélats au roi Sigismond à propos du mariage contracté par Etienne, trésorier de ce prince, avec la sœur de sa première femme.

2. « *Funera flevisse, ait Avitus, quorum auctor ipse* (*Gundebadus*) *fuerat* », dit le P. Sirmond dans ses notes sur l'Epitre d'Avitus (nº 5) adressée au roi Gondebaud, à l'occasion de la mort de sa fille, et où il dit à ce prince : « *Flebatis quondam pietate ineffabili funera germanorum, at occulto divinitatis intuitu instrumenta mœstitiæ parabantur ad gaudium. Minuebat regni felicitas numerum regalium personarum, et hoc solum servabat mundo, quod sufficiebat imperio. Illic repositum est quicquid prosperum fuit catholicæ veritati.* » (Aviti Opera, p. 41 et Notæ, p. 12) Tous les historiens du sixième siècle sont d'accord pour attribuer à Gondebaud la mort de ses trois frères.

trouvaient leur compte : « *Illic repositum est quicquid prosperum fuit catholicæ veritati.* » Ce qu'Avitus appelle ici « la vérité catholique » fut pour lui, en toute occasion, sa règle suprême et irréfragable.

Orthodoxe inflexible, et, par conséquent, ennemi irréconciliable des Ariens, saint Avit consacra tous ses efforts à combattre cette secte très-répandue dans le royaume de Bourgogne, dont la ville de Vienne était alors le chef-lieu principal, et où Genève joua deux fois le rôle de seconde capitale[1]. L'insuccès de ses tentatives, mêlées d'insistance et de ménagements, pour amener le roi Gondebaud à confesser publiquement la vraie foi catholique, fut compensé par la conversion du fils et successeur de ce monarque, le roi Sigismond. Quoique l'éloquence d'Avitus n'ait pas mieux réussi que ses flatteries à triompher des scrupules politiques du premier de ces princes, ni à chasser du cœur du second les passions les plus violentes, elle n'en était pas moins, d'après les témoignages du temps, d'une remarquable puissance[2], et elle devait trouver son principal auxiliaire dans les qualités et les mérites qui valaient à l'évêque lui-même l'admiration de ses contemporains. Un de ces derniers dit de lui qu'il était « le plus distin-

1. D'abord sous Godégisèle, frère de Gondebaud (voy. Ennodius, vie de saint Epiphane, évêque de Pavie, § 55, dans les *Acta sanctorum* des Bollandistes, 21 janvier), et plus tard sous Sigismond, son fils (voy. Aviti Opera, Notæ, p. 28, ad Ep. 29), qui l'un et l'autre résidèrent à Genève pendant que Gondebaud résidait à Vienne.

2. Le narrateur de la conférence entre les catholiques et les Ariens, tenue en la présence du roi Gondebaud, appelle Avitus, qui y joua le principal rôle, un autre Cicéron, « *alter Tullius, cui, licet non esset senior, nec dignitate nec ætate, tamen plurimum deferebatur* », et il ajoute : « *Faciem habens angelicam, ut et sermonem.* » (D'Achery, *Spicilegium*, ed. 2e, t. III, p. 305.)

gué des Gaulois (c'est un Italien qui parle), et que, dans sa personne, comme dans l'intérieur d'une maison transparente, étaient enfermés tous les talents »[1].

Malheureusement on ne peut pas appliquer à son style un éloge du même genre. Rien de moins transparent que la pensée du saint évêque, si ce n'est les expressions dont il se sert pour la rendre. On s'étonne de voir la prose latine devenue un tel langage. A la recherche prétentieuse, qui caractérise les époques de décadence littéraire, se joint l'appauvrissement de l'idiome; à l'emploi des termes abstraits et des périphrases, la subtilité des idées et le cliquetis des antithèses. Nous n'avons point à parler ici de ses productions poétiques, sur lesquelles MM. Ampère et Guizot[2], qui l'ont mis en parallèle avec Milton, ont porté un jugement plus favorable; l'on y reconnaît, en effet, l'influence et l'imitation souvent heureuse des grands modèles de l'antiquité. Mais, ni Pline, ni Cicéron, n'ont inspiré cette prose étrange, que l'état déplorable des textes contribue encore à défigurer; et dont les lettres de saint Avit présentent peut-être plus de traits bizarres que ce qui nous reste de ses homélies. Ces étrangetés et ces bizarreries sont d'ailleurs un gage de l'authenticité de ces compositions oratoires, et de celles, en particulier, qui furent débitées dans le diocèse de Genève.

Ceci nous ramène au discours nouvellement découvert et

1. Ennodius, ubi supra.

2. Le premier dans l'*Hist. littéraire de la France*, t. II, p. 197, le second dans l'*Histoire de la civilisation en France*, leçon XVIIIme.

restitué. Nous en étudierons d'abord le titre; nous en donnerons ensuite le texte corrigé, la traduction littérale et l'analyse raisonnée. Nous verrons plus tard si, dans les fragments épars des autres homélies, il en est dont nous puissions faire l'attribution, soit à Genève, soit à d'autres localités de la Suisse. Ces divers documents nous permettront peut-être de recueillir, sur l'histoire de notre pays à cette époque, des renseignements de quelque intérêt.

Voici d'abord le titre, tel que le manuscrit le donne:

DICTA IN DEDICATIONE BASILICAE QUAM MAXIMUS EPISCOPUS IN JANAVINSIS URBIS OPPIDO CONDEDIT (in agro ad senestrum)[1] DISTRUCTO INIBI FANO *Dicta omilia cum de institutione acaunensium revertentis namasce dedecatio caelebrata est*

Disons tout de suite que, selon nous, le titre de l'homélie ne s'arrête pas après les mots: *distructo inibi fano*, en sorte que ceux qui suivent feraient déjà partie du texte du discours. Nous croyons, au contraire, que ce titre se compose de deux parties, dont la seconde doit être considérée comme la glose et le complément de la première, à laquelle, ainsi que nous le montrerons tout à l'heure, elle sert d'éclaircissement. Il nous paraît en effet impossible de lier grammaticalement ce second titre, clairement caractérisé comme tel par le mot *Dicta*, avec

1. Nous adoptons, pour la lecture des mots enfermés dans la parenthèse, la restauration proposée par M. Delisle, qui ne laisse en suspens que les lettres *ro*, seul complément possible, ce nous semble, de *in ag* qui précède.

la phrase suivante, et d'y voir le début même de l'homélie. Celle-ci commence évidemment par la période, savamment sinon lumineusement construite, qui s'ouvre avec les mots: *Agentibus nobis, viarum cursu, gratulationis procursum, fit..... una festivitas.* Quand nous aurons fait voir les rapports qui unissent les deux parties du titre, et comment la dernière correspond exactement à l'autre, on nous accordera sans peine, croyons-nous, ce que nous n'affirmons encore que provisoirement.

De qui provient ce double titre? Est-ce de l'auteur de l'homélie, ou de quelqu'un qui n'est pas lui? Il nous importe d'éclaircir cette question, puisque de l'origine du titre dépend jusqu'à un certain point sa crédibilité, et, par conséquent, la plus ou moins grande valeur historique qu'on peut lui accorder. Parmi les titres des autres homélies qui nous ont été conservés, il en est dont on pourrait croire, à première vue, qu'ils ne sortent pas de la plume d'Avitus lui-même. Mais, d'un autre côté, nous savons que l'illustre prélat avait placé, en tête des poésies qu'il publia sur la demande de son frère, des titres qui indiquent exactement le sujet de chaque pièce; il est, par conséquent, naturel de penser que, lorsqu'il prépara l'édition choisie de ses homélies, il dut tenir plus encore à mettre d'emblée les lecteurs au courant des circonstances dans lesquelles il avait prêché tel ou tel discours et de leur en rendre ainsi l'intelligence plus facile. Il nous paraît donc infiniment probable que c'est de sa plume que sortent les titres placés en tête des diverses homélies, insérées ou omises dans le recueil des papyrus,[1] et qui indiquent le lieu et l'occasion où elles furent prononcées. Pour ce qui concerne en particulier celui dont nous nous occupons, les détails qu'il renferme nous paraissent ne laisser place à aucun doute sur leur authenticité. Non-seulement Avitus, plus que personne, avait intérêt à les donner, pour mieux faire comprendre le contenu et l'à propos de son sermon; mais, à supposer que ce double titre ne soit pas l'œuvre d'Avitus, il est, en tout cas, d'une date trop ancienne et d'une rédaction trop précise, et trop désintéressée, pour ne pas porter en lui-même le caractère de la crédibilité. Nous pensons donc que nous pouvons le regarder comme parfaitement authentique et comme provenant, selon toute vraisemblance, du premier éditeur des homélies, c'est-à-dire d'Avitus lui-même.

Que dit Avitus dans ce titre?

Il dit bien des choses, ou du moins il nous fournit l'occasion d'en dire quelques-unes. Ce texte si court soulève des questions de chronologie, de topographie, d'histoire ecclésiastique, de philologie, que nous allons chercher à résoudre du mieux qu'il nous sera possible. Mais, avant d'aller plus loin, il convient, pour plus de clarté, d'en reproduire le texte tel que nous croyons qu'il doit être lu. Ce que nous dirons ensuite, servira à justifier notre interprétation.

1. Outre les homélies renfermées dans ce recueil, Avitus en a composé une « sur les Rogations et leur origine, » (Aviti Opera, p. 158) une autre, dont Florus, diacre de Lyon, donne des extraits, « pour la dédicace de l'église dédiée à l'archange saint Michel, » (ibid. p. 195) et une troisième, citée par Agobard, « pour la conversion de Sigismond » (ibid. Præf., p. 3).

Dicta in dedicatione basilicæ, quam Maximus episcopus, in Janavinsis urbis oppido, condidit : in agro ad sinistrum, distructo inibi fano. *Dicta omilia, cum, de institutione Acaunensium revertentes*[1], *Namasce dedicatio celebrata est.*

Dans ce titre la question chronologique est posée par la double indication de l'épiscopat de Maxime à Genève et de « l'institution d'Agaune, » c'est-à-dire, comme on le verra plus tard, de l'installation, dans le couvent de St-Maurice en Valais, d'une nouvelle règle ou d'un nouveau rit monastique. De ces deux faits le premier est, quant à la date, moins précis que le second, ce qui n'a rien d'étonnant puisque, selon nous, le second n'est mentionné que pour mieux préciser l'autre. Tandis que le nom seul de Maxime, qui est devenu évêque de Genève vers l'an 513[2], nous laisse incertains sur le moment même de son épiscopat où s'est faite la dédicace de la basilique, la coïncidence de cette dédicace avec l'établissement de la nouvelle règle d'Agaune peut servir à en fixer exactement la date. Il faut seulement savoir quand a eu lieu l'*institutio*

1. *Revertentes* au lieu de *revertentis*; la permutation des voyelles se reproduit à chaque ligne du manuscrit.

2. D'après le *Régeste genevois*, qui forme l'inventaire le plus complet que l'on possède pour les renseignements relatifs à l'histoire de Genève, il semblerait que l'élection de Maxime mit fin à une vacance du siége épiscopal qui, d'après une citation de Grégoire de Tours, peut se fixer aux environs de 513. Mais ce n'est qu'en 517, dans les Actes du Concile d'Epaone convoqué par Avitus, que Maxime figure pour la première fois comme évêque de Genève. Nous doutons fort, en revanche, que le Maximus qui signe, sans prendre le titre de son siége, aux Conciles territoriaux d'Arles, d'Orange, de Vaison et de Marseille, tenus de 524 à 533, soit le même évêque. Il faudrait, pour l'admettre, admettre en même temps, *sans en trouver ailleurs aucune autre preuve*, que, tandis que tout le reste de la province viennoise était demeuré au pouvoir des Burgondes, les Ostrogoths se seraient emparés de sa ville la plus septentrionale, et la plus éloignée, par conséquent, des conquêtes qu'ils venaient de faire en Provence avec le concours des Francs. Le nom de Maxime était assez commun à cette époque, pour qu'il vaille mieux l'attribuer à un autre évêque qu'à celui de Genève, plutôt que d'adopter avec le P. Le Cointe (*Annales eccl. Franc.*, ad ann. 523, nº 7) l'hypothèse si peu vraisemblable de la domination momentanée des Ostrogoths sur cette ville lointaine et isolée, qui leur aurait été reprise au bout de dix ans, quand les Francs mirent fin au premier royaume de Bourgogne.

Acaunensium, « au retour » de laquelle l'homélie a été prononcée. Cette question n'est pas sans offrir quelques difficultés; mais nous devons y revenir plus loin et nous nous contentons de dire, par anticipation, que l'époque de cette inauguration religieuse doit être placée à l'année 522.

L'an 522 Avitus est donc venu à Genève, pendant l'épiscopat de Maxime, et il a présidé à la consécration d'une *basilique* élevée par les soins de l'évêque genevois : *in dedicatione basilicæ quam Maximus episcopus condidit*. Qu'il soit ici question d'un édifice destiné au culte chrétien, nul n'en doute; mais de quel genre d'édifice? Lorsqu'on se laisse aller, comme cela est naturel, à la première impression produite par la lecture de ces mots, on est porté à voir dans cette *basilique* la principale église entre celles qui existaient alors à Genève, l'édifice religieux le plus important, la cathédrale de St-Pierre elle-même. C'est, en effet, la pensée qu'éveille aujourd'hui l'emploi de ce terme d'architecture ecclésiastique.

Il n'en était pas de même autrefois. Si le nom de *basilique*, qui désignait chez les Romains les édifices où se rendait la justice, a passé depuis Constantin, avec l'usage ou l'imitation de ces mêmes édifices, aux temples chrétiens construits sur ce modèle[1], on le trouve déjà à la fin du quatrième siècle appliqué

1. La transformation des basiliques romaines, ou palais de justice, en églises chrétiennes, paraît indiquée dans ce passage où Ausone, s'adressant à l'empereur Gratien (380), parle de la basilique qui, jadis pleine du bruit des affaires, ne retentit plus que des vœux qui se font pour le salut du prince : « *Basilica, olim negotiis plena, nunc votis, votisque pro tuâ salute susceptis; nam de suâ, cui, te non imperante, securitas?* » Il est difficile de ne pas entendre ces mots des prières offertes à Dieu pour l'empereur dans une église chrétienne.

par saint Jérôme aux chapelles qui existaient dans l'intérieur des églises,[1] et à celles qu'on élevait sur les tombeaux des martyrs. « Ne laisse ta fille, écrit-il à Lœta, visiter seule, ni les *basiliques* des martyrs, ni les *églises*.[2] » Sulpice Sévère emploie ce terme pour désigner les trois édifices élevés par l'impératrice Hélène dans Jérusalem, aux divers endroits que le souvenir de Jésus-Christ rendait sacrés[3]. Le même historien donne aussi le nom de *basilique* à une église située hors des murs d'une ville et dans son voisinage[4]. Mais nous pouvons nous rendre mieux compte encore du sens qu'il faut attribuer à cette expression dans le titre de l'homélie d'Avitus, en recherchant la signification qu'elle possédait à l'époque, dans le pays, et sous la plume même de cet illustre évêque.

On trouve dans ses œuvres une longue lettre adressée par lui à son suffragant de Grenoble et qui commence ainsi : « Vous me demandez ce qu'il faut faire des oratoires ou *basiliques* des hérétiques (*hæreticorum oratoria sive basilicæ*). La question est aussi difficile à résoudre pour leurs oratoires privés ou petites *basiliques*, que pour leurs *églises* (*de oratoriis vel basiliculis privatis, perinde ut de ecclesiis eorum difficile definitur*).[5] » La distinc-

1. A propos des soins que le prêtre Népotien prenait pour l'embellissement de son église, Jérôme dit de lui (Epist. 35 ad Heliodorum ; Opera, t. IV, 2, p. 272, éd. Martianay) : « *Sollicitus si niteret altare, si sacrarium mundum, si vasa luculenta,* » puis il ajoute : « Basilicas *ecclesiæ diversis floribus vitiumque pampinis adumbrabat, ut quidquid placebat in ecclesiâ presbyteri studium testaretur.* » Aussi Forcellini a-t-il raison d'interpréter ici *basilicas* par : *minora sacella, seu ædiculas in ipsâ ecclesiâ positas.* (Totius latinitatis Lexicon, ad h. v.)

2. Epist. 57. Op. t. IV, 2 : « Basilicas *martyrum et ecclesias sine matre non adeat.* »

3. « (*Helena*) basilicam *in loco dominicæ passionis, et resurrectionis et ascensionis, constituit.* » (Hist. Sacr. l. II, p. 49.)

4. « *In* basilica *martyrum extus oppidum sitâ* (*Constantius*) *diversatus est.* » (Ibid. 54.)

5. Epist. 6. Opera, p. 42. Dans l'épître 39e d'Avitus le mot *basilica* semble employé comme synonyme de palais ou de tribunal.

tion et l'opposition des deux catégories d'édifices religieux est ici clairement marquée; et, quelle que soit la définition qu'il faille donner du mot *basilica*, on voit assez que ce mot s'appliquait à autre chose qu'aux églises paroissiales proprement dites et à quelque chose de moins important. D'autres passages d'Avitus montrent que c'était souvent au dehors des villes que s'élevaient les basiliques[1]; ce qui achève de dépouiller ce terme de la signification exclusive de temple principal, d'église maîtresse, de telle ou telle cité.

Grégoire de Tours, qui écrivait cinquante ans après Avitus, s'accorde entièrement avec lui dans l'usage qu'il fait du mot *basilica*. Quoiqu'il l'emploie parfois pour désigner un édifice quelconque destiné au culte, les passages de ses écrits sont nombreux où l'expression de *basilique* est opposée à celle d'*église*, et il l'applique souvent aussi à des édifices religieux situés hors des villes. En parlant d'un de ses prédécesseurs à l'épiscopat, il dit : « Litorius construisit la *première église* dans l'intérieur de la ville de Tours, et ce fut aussi lui qui, de la maison d'un sénateur, fit la *première basilique.*[2] » Il dit de même, à propos d'un évêque de Clermont : « Namatius bâtit à ses frais la plus ancienne *église* de la ville, et sa femme éleva dans le faubourg la *basilique* de Saint-Etienne.[3] » Enumé-

1. « *Plus hæc* basilicis, *quam propugnaculis, urbs munitur; cingitur undique tutamine sacrarum ædium, ... et ad portarum limina ..... nisi sanctis janitoribus non venitur.* » (Opera, p. 162. Fragm. 5.) Ailleurs, en parlant de l'institution de la cérémonie des Rogations par saint Mamert, son prédécesseur sur le siége de Vienne, Avitus dit : « *Ad* basilicam, *quæ tunc mœnibus vicinior erat civitatis, orationem primæ processionis indicit.* » (Opera, p. 153.)

2. *Hist. Franc.*, l. X, 31. — 3. *Ibid.* l. II, 16, 17.

rant certaines cérémonies instituées à Tours par l'un de ses devanciers, il dit qu'elles ont lieu : « à Noël, dans l'*église* ;[1] lors de la nativité de saint Jean-Baptiste, dans la *basilique* de St-Martin ; à Pâques, dans l'*église* ; lors du martyre de saint Jean, dans la *basilique* du baptistère, etc.[2] » « Le roi Childebert, dit-il ailleurs, distribua tous ses biens aux *églises* et aux *basiliques* des saints.[3] » Racontant une attaque dirigée contre la ville du Puy en Velay, il dit que l'armée qui l'assaillait « s'arrêta auprès des *basiliques* voisines,[4] » etc.

Nous pouvons donc, sans nous achopper au mot de *basilique*, ne pas chercher dans l'église principale de la ville, chercher même, s'il le faut, hors de Genève, l'édifice sacré, quel qu'il fût, dont il est question dans le titre placé par Avitus en tête de son homélie[5]. Aussi bien ce titre ne dit-il point que ce fût dans Genève même, que se trouvait la basilique construite par l'évêque Maxime.

On ne saurait, en effet, regarder les mots : *in Janavinsis urbis oppido*, qui indiquent le lieu où fut érigé cet édifice, comme synonymes de : *in Janavinsi oppido*, ou de : *in Janavinsi urbe*. L'*oppidum* et l'*urbs* sont ici deux choses très-distinctes l'une de l'autre, et dont la première se trouve dans la

1. « *Id est in ecclesiâ cathedrali,* » dit Dom Ruinart sur ce passage.

2. *Hist. Franc.*, l. X, 31. — 3. *Ibid.* l. III, 10. — 4. *Ibid.* l. X, 25.

5. Dans la *Disceptatio de basilicis* (Paris 1658), et dans la *Defensio disceptationis de basilicis* (Paris 1660), que nous n'avons pu nous procurer, Adrien de Valois a soutenu, comme le rapporte le P. Mabillon, que « par le mot *basilica*, en France, dans le sixième et le septième siècle, on entendait toujours une église de moines. Les cathédrales sont appelées *ecclesiæ*, les paroisses aussi. » (Mabillon, *Œuvres posthumes*, t. III, p. 355.) Cette affirmation, vraie pour le très-grand nombre des cas, nous parait cependant avoir un caractère trop absolu.

dépendance de la seconde : l'*oppidum* appartient à l'*urbs*. Ceci n'empêcherait pas, il est vrai, de chercher cet *oppidum* dans l'intérieur même de la ville, et c'est ce que l'on pourrait faire si ce mot était l'équivalent d'*arx*, d'éminence fortifiée, de citadelle. Dans ce cas on envisagerait, comme désigné par cette expression, le sommet de la colline sur laquelle Genève est bâtie et où se trouve l'emplacement qui, en raison de cette situation même, a toujours dû, depuis l'établissement du christianisme dans cette ville, être occupé par le principal édifice religieux du nouveau culte. Mais cette signification d'*oppidum*, déjà fort incertaine dans la haute latinité[1], et dont le sens spécial du mot *basilica* rendrait ici l'application plus incertaine encore, cette signification ne se rencontre point chez les écrivains de l'époque où vivait Avitus. Dans les œuvres de celui-ci, comme dans celles de ses contemporains, ce mot est, ou bien le synonyme de *urbs*, ou, plus fréquemment encore, le terme qui désigne les centres de populations intermédiaires entre les villes et les villages, c'est-à-dire les bourgades ou petites villes[2]. C'est ce qui fait dire à Avitus lui-même, en parlant des lieux auxquels une célébrité religieuse donne un rang plus élevé dans la hiérarchie municipale : « Les bourgades deviennent des villes ; » *illustratæ patrociniis, fiunt urbes ex oppidis.*[3]

1. Chez les auteurs classiques *oppidum*, qui est le plus souvent synonyme d'*urbs*, désigne quelquefois une localité fortifiée, mais jamais, croyons-nous, la citadelle d'une ville.
2. Voy. Du Cange, *Glossarium med. et inf. latinitatis*, au mot *Oppidum*.
3. Opera, p. 160. Fragm. 3.

Quant à la liaison grammaticale du mot *oppidum*, pris dans le sens de bourgade, avec le mot *urbs*, pris dans le sens de chef-lieu territorial ou épiscopal, afin d'indiquer qu'il existe entre les localités désignées par ces deux termes un rapport de dépendance, il suffit, pour en justifier l'emploi, de rappeler Grégoire de Tours parlant de Coloumelle (*Columna*), comme d'un « *vicus urbis Aurelianensis*;[1] » de Véseronce (*Virontia*), comme d'un « *locus urbis Viennensis*;[2] » de Chinon (*Caino*), comme d'un « *castrum urbis Turonicæ*,[3] » et de mentionner « l'*oppidum civitatis Lugdunensis*, » appelé Sardinia, dont il est question dans la Vie de saint Apollinaire[4], et Brioude (*vicus Brivatensis*) désigné, dans celle de saint Dalmatius, comme « *civitatis Arvernæ oppidum*.[5] »

Il existe aussi des passages dans lesquels le mot *oppidum* paraît avoir le sens de *faubourg*[6]; cette signification rentrerait jusqu'à un certain point dans la précédente, puisque c'est la plus ou moins grande distance des murs d'une ville qui fait d'une agglomération d'habitations un bourg ou un faubourg; mais l'expression *suburbium* ou *suburbanum* est généralement usitée à cette époque quand il s'agit du voisinage immédiat de la cité. Si l'on voulait toutefois, pour s'éloigner le moins possible de Genève, donner ici au mot *oppidum* cette dernière interprétation, il resterait à savoir où l'on doit chercher ce faubourg de notre ville, dans lequel une basilique chrétienne

1. *Hist. Franc.*, l. III, 6. — 2. *Ibid.* — 3. *De gloriâ confess.*, c. 22, — 4. Dom Bouquet, *Recueil des hist.*, t. III, p. 404. — 5. *Ibid.*, p. 420. — 6. Voy. Du Cange, *Glossarium*, éd. Henschel; Additions: « *Oppidum: suburbium; ædificia extra urbis murum.* »

venait de s'élever sur les ruines d'un temple païen. Le titre de l'homélie en précise l'emplacement ; il nous apprend qu'il se trouvait *in agro ad sinistrum*. C'est donc « dans la campagne sur la gauche », que nous devons diriger nos investigations. Que l'on prenne le terme d'*ager* dans le sens topographique ou dans le sens politique, « la campagne », c'est le territoire environnant Genève. « La gauche », c'est apparemment la détermination géographique résultant de l'écoulement des eaux du Rhône au travers du lac, c'est-à-dire la rive gauche de ce lac et de ce fleuve. Est-ce près de Genève ou loin de Genève, de ce côté-là, qu'Avitus a célébré la dédicace de la basilique nouvelle? Si c'est près de Genève, une seule localité, celle où s'élevèrent le couvent et l'église de St-Victor, semble correspondre à la désignation du titre de l'homélie.

Cette église ou basilique paraît en effet avoir été érigée par les soins d'une princesse burgonde, vers le commencement du sixième siècle, sur les ruines d'un temple païen consacré à Jupiter, Mars et Mercure[1]. Une inscription votive, qui porte les noms de ces trois divinités et qu'a conservée Bonivard en ses *Chroniques*, a été trouvée dans l'église même, lorsque celle-ci fut démolie en 1534, et on peut la considérer comme la confirmation, si elle n'est pas l'origine, de la dernière partie de cette tradition[2]. Cela s'accorderait bien avec le *distructo inibi*

1. Voy. Baronius, cité par Besson, *Mém. pour l'hist. du diocèse de Genève*, p. 94, et Spon, *Hist. de Genève*, t. I, p. 212, éd. 4°.

2. Voici comment, d'après Mommsen (*Inscrip. Confœd. helvet. latinæ*, p. 11), doit se lire cette inscription qui se trouvait, dit Bonivard (*Chroniques*, I, 117), « à St-Victor sur une tombe » : MARTI. IOVI. MERCVRIO | M. CASSIVS. MERCATOR | SVO. ET | L. CASSII. ASPERI. FRATRIS | SVI NOMINE | T. P

fano du titre de l'homélie. Ce qui soulève en revanche une difficulté, c'est la construction de l'édifice attribuée, par le même titre, à l'évêque Maxime, et, par les chroniqueurs, à la reine Sédeleube, nièce de Gondebaud. Il est vrai que cette dernière attribution ne laisse pas que d'être contestable, et que ce qui seul paraît certain, c'est l'érection à Genève dans les premières années du sixième siècle d'une église consacrée à saint Victor[1]. On pourrait donc, en sacrifiant Sédeleube à Maxime, ou en cherchant à les faire agir de concert, admettre, sans trop d'invraisemblance, que c'était la basilique consacrée par Avitus dans l'*oppidum* ou faubourg de Genève, sur la gauche de la ville. St-Victor occupait en effet l'emplacement où s'élève aujourd'hui l'église aux cinq coupoles du rit grec orthodoxe[2].

Mais la chance d'être tombé juste est cependant bien incertaine, et l'on ne pourrait s'y tenir, à titre d'hypothèse, que si toute autre solution faisait défaut. C'est bien à quoi nous serions réduit, n'était la seconde partie du titre de l'homélie qui forme le complément explicatif de la première. Nous avons déjà vu qu'on y trouvait des déterminations chronologiques plus précises; on peut en dire autant pour ce qui concerne les déterminations topographiques. De même, en effet, qu'Avitus a fixé pour nous la date de l'épiscopat de

1. Voyez Senebier, Journal de Genève, 11 avril 1789, p. 57-58.

2. « L'église de St-Victor était bâtie derrière les casemates, du côté de Malagnou, à peu près sur le lieu où a été creusé le fossé qu'elles bordent. M. de la Corbière en a vu des restes, dans cet endroit, en 1725, lorsqu'on y travaillait aux fortifications. » Senebier, ibid., p. 57.

Maxime, en mentionnant *l'institution d'Agaune*, de même il nous apprend le nom de l'*oppidum* où s'est faite la dédicace de la basilique, en disant que cette dédicace a été célébrée à Namasce : *Namasce dedicatio celebrata est.*

Pour quiconque connaît les environs de Genève, il n'est pas difficile de retrouver dans ce nom de lieu celui d'Annemasse, grand village situé à sept kilomètres à l'est de notre ville, sur la rive gauche du lac et du Rhône. Ce rapprochement devient plus frappant encore quand l'on sait que, sous sa plus ancienne forme, le nom de ce village s'écrivait *Anamasci.*[1] On est d'ailleurs d'autant plus autorisé à admettre que cette localité, qui fut pendant le moyen âge le chef-lieu d'un des décanats du diocèse, existait déjà du temps d'Avitus et possédait même un temple païen, que l'on y a découvert des restes importants d'antiquités romaines et burgondes, et, en particulier, une inscription votive dédiée au dieu Mars.

Le chanoine Besson, dans son *Histoire du diocèse de Genève*, dit d'Annemasse : « Cette petite bourgade était anciennement beaucoup plus considérable qu'elle n'est aujourd'hui.[2] » M. Albanis Beaumont, de son côté, dans sa *Description des Alpes*,

1. Le plus ancien document connu, qui parle d'Annemasse, est une bulle du Pape Eugène III de 1153, où, dans l'énumération des églises appartenant au monastère de St-Jean près Genève, se trouve mentionnée celle *de Anamasci.* Cent ans plus tard, en 1250, dans une autre bulle du Pape Innocent IV, la même église est dite *de Anamachy.* (Voy. *Mém. et Doc. de la Soc. d'hist. de Genève*, t. XIV, p. 9 et 29.) Il est probable, d'après cette désinence persistante, que, dans le titre de l'homélie, Namasce est mis pour *Namasci.* En 1262 paraît le nom d'*Anamassia* (Guichenon, *Hist. de la Maison de Savoie*, t. IV, p. 79), qui dès lors reste seul usité dans les chartes.

2. *Mémoires pour l'hist. ecclés. des diocèses de Genève, Tarantaise, Aoste et Maurienne.* Nancy, 1759, 4°, p. 110.

s'exprime ainsi : « L'on a trouvé à Annemasse plusieurs fragments d'antiquités très-curieux, tels qu'inscriptions sépulcrales, colonnes milliaires, tombeaux, urnes cinéraires, des médailles des empereurs romains. Tous ces objets semblent attester que ce village était autrefois très-considérable, se trouvant placé sur une voie romaine de second ordre.[1] »

Depuis l'époque où M. Beaumont publiait son livre, de nouvelles découvertes sont venues confirmer et corroborer ses assertions. Les antiquités d'Annemasse, dont nous avons été sur les lieux mêmes rechercher avec soin les traces, se renferment entre les dates extrêmes du premier et du sixième siècle de l'ère chrétienne. C'est en effet à l'an 758 de Rome (5 de notre ère) que se rapporte l'inscription consacrée au dieu Mars ;[2] c'est à l'an 306-7 après J.-C., qu'on doit assigner la colonne milliaire qui se trouvait naguère à quelque distance du village ;[3] c'est entre ces deux époques, que l'on peut fixer la date d'un entablement de très-bon goût, reproduit dans l'atlas de M. Beaumont, ainsi que de poteries artistement travaillées qui ont été découvertes depuis peu ;[4] c'est dans le même intervalle qu'il faut également placer une inscription funéraire, dont les dimensions dénotent l'existence d'un cen-

1. *Description des Alpes grecques et cottiennes*. Paris, 1802-06, 2 vol. 4°, t. II, 2, p. 8.

2. Elle est ainsi conçue : FIRMVS · HILARI · F | MARTI · PRO · MEI [S] | C · ATEIO · CAPITONE · C · VIBIO · POSTVM [O] | COS. Ces deux *consules suffecti* entrèrent en charge au mois de juillet 758. Voy. Orelli-Henzen, *Inscr. latin. Coll.* Indices, p. 94.

3. Ce qui a été conservé de l'inscription gravée sur cette pierre porte les noms des deux Augustes, Galère et Sévère, et des deux Césars, Maximin et Constantin. Voyez *Description des Alpes*, atlas, n° 19, et *Revue archéologique*, décembre 1861, p. 403.

4. Voyez *Description des Alpes*, atlas, n° 19, et *Revue archéologique*, ibid.

tre important de population;[1] c'est probablement après le milieu du quatrième siècle, qu'eut lieu l'enfouissement d'amphores remplies de monnaies romaines déterrées tout dernièrement dans l'intérieur du village d'Annemasse;[2] c'est enfin jusqu'au sixième siècle, que nous font descendre les tombeaux burgondes et les ornements barbares récemment découverts dans son voisinage immédiat.[3] Cette localité paraît donc avoir été habitée d'une manière continue pendant une longue suite d'années jusqu'à l'époque d'Avitus. Sa position, qui en fait la clef de la vallée de l'Arve où l'on a trouvé de nombreuses traces d'établissements romains, explique assez comment elle fut de bonne heure pour les conquérants du pays un poste important.

Rien ne s'opposerait donc, tout semblerait, au contraire, concourir à faire identifier *Namasce*, ou *Namasci*, et *Anamasci*, et à faire penser que ce fut dans cette localité de l'*ager genevensis*, qu'eut lieu la dédicace de la basilique qui remplaçait un temple païen. Une considération générale viendrait encore à l'appui de cette conclusion.

1. La pierre sépulcrale, qui porte cette inscription, mesure environ 2 mètres de long sur 85 centimètres de large. Elle forme actuellement la partie inférieure de l'un des jambages du porche de l'église d'Annemasse. Voici ce qu'on y lit : D. M. | ETMEMORIEATTINIETIBE | RIEMAXSVMEAVRELIVSROM | ANVSPROTECTORDVC | ENARIVSCŌIVGIINCOMPARABI
LI

2. Il y a vingt-cinq ans déjà que M. F. Soret signalait Annemasse comme l'une des localités voisines de Genève « où l'on avait trouvé le plus de médailles romaines, à partir des premiers empereurs, jusqu'aux successeurs immédiats de Constantin. » (*Mém. de la Soc. d'hist. de Genève*, t. I, p. 243.)

3. Nous devons à l'obligeance de M. l'archiprêtre d'Annemasse d'avoir pu constater exactement l'état des découvertes faites dans ce village et ses environs; malheureusement il n'a pu nous fournir aucune information sur l'histoire de son église, qui ne possède pas d'archives, et qui ne paraît pas remonter, quant à sa construction actuelle, au delà du seizième siècle.

Le christianisme était depuis trop longtemps établi dans Genève, pour que l'on puisse croire que l'enceinte de cette ville ou son voisinage le plus immédiat conservassent encore des restes considérables d'édifices païens. Evangélisée, selon toute vraisemblance, au commencement du troisième siècle, alors que les Eglises de Vienne et de Lyon comptaient déjà des martyrs, Genève, qui possédait dans la hiérarchie politique du pays le rang de *civitas*, avait dû, depuis la paix de l'Eglise, prendre dans la hiérarchie ecclésiastique, comme c'était la coutume, le rang d'*évêché*. C'est vers la fin du quatrième siècle, que nous voyons pour la première fois, sans que pour cela il soit nécessairement le premier, apparaître un évêque de Genève.[1] Dès ce moment le culte chrétien avait supplanté ou supprimé peu à peu, dans la ville, ce qui restait de vestiges du paganisme, et rien n'empêche d'admettre que là, comme en tant d'autres lieux, la principale église chrétienne s'était élevée sur les ruines du principal temple païen, et que l'édifice consacré à saint Pierre avait remplacé celui qui avait été dédié à Apollon ou à telle autre divinité du panthéon païen.

Les choses ne marchèrent pas aussi vite dans les campagnes, ce dernier refuge des vieilles croyances, dont les sectateurs

1. Diogènes, ou Diogenus, dont nous parlons, figure le premier sur le plus ancien catalogue des évêques de Genève; c'est lui, croyons-nous, et non pas un évêque de Gênes, qui signe au concile général d'Aquilée (381): *Episcopus Genuensis*. Ughelli, dans son *Italia sacra* (t. IV, 841), tout en le revendiquant pour l'Eglise de Gênes, reconnait lui-même que l'on attribue souvent à celle-ci des évêques qui ont occupé le siége de Genève. Le premier document, incontestablement authentique, qui atteste l'existence déjà ancienne de l'évêché de Genève, est une lettre écrite en 450 par le pape Léon Ier, et dans laquelle il règle les contestations de suprématie qui s'étaient élevées entre l'évêque d'Arles et celui de Vienne. Voyez *Régeste genevois* aux années sus-indiquées, et plus loin p. 65, note.

ont dû précisément leur nom de *pagani* aux bourgades et aux villages, *pagi*, dans lesquels ils pouvaient rendre plus librement un culte aux anciens dieux.[1] Il suffit de lire les décrets des conciles pour s'assurer que, dans les Gaules, l'usage d'adorer les idoles et de s'adonner aux superstitions païennes n'avait pas encore disparu au sixième siècle.[2] En 533 les évêques réunis à Orléans promulguent la défense déjà ancienne, mais, paraît-il, toujours nécessaire, qui interdisait aux fidèles, sous peine d'excommunication, de prendre part au culte des idoles ou de goûter des viandes immolées sur leurs autels.[3] C'est à la même époque qu'on doit placer le récit dans lequel, d'après Grégoire de Tours, un voyageur, originaire de Clermont, raconte à saint Nicet (évêque de Trèves dès 527) que, s'étant embarqué pour l'Italie, les passagers du vaisseau qu'il montait se trouvèrent être tous des païens appartenant à la population des campagnes, et qu'une grande tempête s'étant élevée, ils se mirent à invoquer chacun la divinité de son choix.[4] Et, dans l'homélie même qui nous occupe, Avitus ne paraît pas être bien sûr qu'il n'existe pas encore des idolâtres

1. Orose (406), en rendant compte à saint Augustin de l'ouvrage qu'il avait entrepris sur son ordre, lui dit : « *Præceperas mihi ut scriberem adversus vaniloquam pravitatem eorum qui, alieni a civitate Dei, ex locorum agrestium compitis et pagis,* pagani *vocantur, sive gentiles.* » *Historiarum Præfatio,* 3.

2. Voyez Beugnot, *Hist. de la destruction du Paganisme en Occident.* Paris, 1835, 2 vol. 8°, t. II, p. 324-26.

3. « *Catholici, qui ad idolorum cultum revertuntur, vel qui cibis idolorum utuntur, ab ecclesiæ cœtibus arceantur.* » IIe concile d'Orléans, canon 20, dans Labbe, *Concilia,* t. IV, p. 1782.

4. « *Nuperrimo tempore, quum, navem ascendens, Italiam peterem, multitudo* paganorum *mecum ingressa est, inter quos et ego tantum solus eram, inter illam* rusticorum *multitudinem, christianus..... Ortâ tempestate, cœpi invocare nomen Domini .....* pagani *vero invocabant deos suos, et ille Jovem, iste Mercurium proclamabat, alius Minervæ, alius Veneris auxilium implorabat.* » Grégoire de Tours, *Vitæ Patrum,* c. 17. 5.

tout auprès des lieux où il consacre la basilique nouvelle. Il n'y a donc pas à s'étonner d'entendre parler à cette époque, comme d'une chose récente, de la destruction d'un temple païen dans les limites du diocèse de Genève.

Nous voyons même, un peu plus tard encore, sur un autre point des Gaules, se passer un événement semblable, dont le récit pourrait sans invraisemblance convenir tout aussi bien à l'œuvre entreprise et consommée par l'évêque Maxime. Il s'agit des succès de la propagande religieuse tentée vers 540 par saint Rigomer dans le diocèse du Mans. « Ce saint avait appris, raconte son biographe,[1] qu'il se trouvait dans le voisinage un ancien temple païen (*antiquum fanum*), objet de la vénération d'un peuple nombreux et où se faisaient des vœux diaboliques et de criminelles offrandes. Rigomer fut ému d'une vive compassion pour cette gent rustique et infidèle (*de rustico et infideli populo*), qui, au lieu de rendre à Dieu le culte qui lui est dû, s'adonnait à celui du diable, et, loin de faire ainsi son salut, courait, au contraire, à la perdition. Enflammé d'un saint zèle, il vint sur les lieux avec d'autres chrétiens et s'enquit soigneusement de ce qui se passait. Ayant en effet constaté l'existence de cette tromperie diabolique, il se mit à prêcher aux habitants de l'endroit la parole de Dieu, en les exhortant à abandonner leur superstition abominable, à fréquenter l'église de Dieu et à chercher leur

1. *Acta Sanctorum* des Bollandistes, 24 août, p. 787, et dans le *Recueil des historiens des Gaules*, de Dom Bouquet, t. III, p. 427.

salut en Jésus-Christ (*in Christo Jesu salutem expeterent*). C'est ce qu'ils firent avec le secours du Seigneur, et, ayant détruit le temple païen, ils élevèrent à la même place une basilique (*et ipso fano destructo basilicam in eodem loco ædificaverunt*). » Ce passage démontre la persistance jusque vers le milieu du sixième siècle, non-seulement des superstitions idolâtres, dont plus tard encore on trouve des traces,[1] mais de l'adoration publique des faux dieux. Quoiqu'on ne puisse pas l'envisager comme un témoignage historique de premier ordre, il n'en dépeint pas moins avec beaucoup de vraisemblance la manière dont les conquêtes du christianisme devaient amener peu à peu dans nos contrées la ruine du culte païen.

En résumé — si l'on adopte pour le double titre de notre homélie l'explication qui nous semble avoir en sa faveur, sinon l'évidence absolue que de tels sujets ne comportent pas, du moins la plus grande apparence de probabilité — ce discours aurait été prononcé l'an 522, dans un bourg du ressort de la ville ou de l'évêché de Genève, nommé Namasce ou Namasci (aujourd'hui Annemasse), à propos de la consécration d'une église ou chapelle que Maxime, évêque du diocèse, avait élevée en cet endroit sur l'emplacement d'un temple païen démoli. Ces diverses circonstances de temps et de lieu ne sont point en désaccord avec ce que demande la vraisemblance historique, et nous croyons rendre exactement le sens des mots

1. Voyez Beugnot, ouvrage cité, t. II, p. 327-43.

dont se compose le double titre mis en tête de l'homélie de saint Avit, en le traduisant de la manière suivante :

« PRECHEE POUR LA DEDICACE DE LA BASILIQUE QUE L'EVEQUE MAXIME AVAIT CONSTRUITE DANS UN BOURG DE L'EVECHE DE GENEVE, DANS LA CAMPAGNE SUR LA GAUCHE, APRES Y AVOIR DETRUIT UN TEMPLE PAIEN.

« *Cette homélie a été prêchée lorsque, au retour de l'inauguration d'Agaune, la dédicace fut célébrée à Namasce (Annemasse).* »

Nous pouvons passer maintenant au texte même de l'homélie, que nous allons donner tout à la fois en latin avec une orthographe et une ponctuation correctes, et en français dans une version que nous chercherons à rendre aussi fidèle qu'il nous sera possible.

Mais, ce qu'il faudrait surtout pour acquérir de ce discours une parfaite intelligence, ce serait de pouvoir se transporter par la pensée dans l'enceinte et aux abords de cette basilique, où la curiosité comme la dévotion devaient attirer une foule nombreuse d'auditeurs, dont les impressions et les idées étaient sans doute bien différentes de celles qui règneraient aujourd'hui parmi une semblable réunion de fidèles. Ce n'est pas, en effet, dans l'aspect extérieur de cette foule, où les Gallo-romains se mêlent aux Burgondes, ce n'est pas dans la diversité et l'opposition des physionomies, dans la variété et l'étrangeté des costumes, ni dans les détails de la cérémonie religieuse elle-même, qu'il faut surtout chercher le contraste des situations. La présence de deux évêques, les pompes du culte, le rituel ecclésiastique, et même certains effets pittoresques, produits par la différence des mœurs et des temps, tout cela peut, sans grande difficulté, se retrouver et se revoir, en imagination. Mais une société bouleversée, où se coudoient des envahisseurs tout à la fois hérétiques et barbares, et des vaincus qui conservent les traditions de l'orthodoxie et de la civilisation, — une société, où le paganisme compte peut-être encore des sectateurs et où l'antagonisme religieux le plus prononcé divise les adorateurs du vrai Dieu, — une société, où les choses de la religion et de la théologie tiennent une immense place et où la culture de l'intelligence et de la pensée n'est l'apanage que d'un nombre d'hommes infiniment restreint, — une société, où les orateurs sacrés, qui voulaient tout à la fois être compris de la masse de leurs ouailles et agréables à l'élite de leur troupeau, devaient nécessairement sacrifier au mauvais goût, en mêlant les violences du langage aux raffinements du bel esprit : — voilà ce qui entourait Avitus, et voilà ce que nous avons quelque peine à nous représenter aujourd'hui pour prendre place parmi ses auditeurs. Ecoutons-le toutefois :

« A mesure que nous recevons, sur notre route, l'accueil empressé des félicitations publiques, il se forme en quelque sorte, par ce concours solennel et continu, comme une seule et même fête, et, en nous avançant ainsi de vertus en vertus, nous trouvons dans l'excès de notre joie de quoi compenser la fatigue que nous cause la difficulté des chemins. Grâce au zèle du premier pasteur, on voit avec les années les âmes se donner en plus grand nombre à Dieu, les lieux de prière s'augmenter, et les récompenses se multiplier pour ceux qui élèvent des temples aux martyrs. A mesure que les hérétiques diminuent, les progrès de la religion vont croissant, et c'est aux dépens de la mauvaise foi que s'enrichit la vraie foi. On peut dire que déjà brillent au milieu de la vie présente quelques rayons de ces promesses qui sont faites pour la vie future : l'ivraie des doctrines ariennes mêlée au bon grain se dessèche sous l'action d'un triage incessant;[1] des gerbes trop fortement liées subsistent encore, mais c'est pour être consu-

« Agentibus nobis, viarum cursu, gratulationis procursum, fit continuatione solemni quodam modo una festivitas, et, dum ambulatur de virtutibus in virtutes, quod fatigat difficultas itinerum consolatur alacritas gaudiorum. Principis studio sacerdotis anni(s) succrescunt animæ Deo, orationibus loca, præmia construentibus templa martyribus. Hæretico rariscente, profectus religionis adjicitur; dispendiis perfidiæ fides recta ditatur. Pæne est ut in præsentibus jam subradiat quod promittitur in futuris[1] : insertum tritico lolium dogmatis arriani, proventu adsiduæ separationis, arescit; servantur manipuli vinculis alligati, quos pœna in

1. La parabole de l'ivraie; Matth. XIII, 24-30 et 36-43.

mées par les flammes éternelles dans le siècle à venir et par l'envie dans le siècle présent. Cette envie s'accroît encore, en voyant, par l'heureuse transformation de l'édifice où nous sommes, la sainteté succéder au sacrilége, le renouvellement à la vétusté, la noblesse à la confusion. Le lieu consacré aux martyrs porte ses fruits là où florissait le culte des idoles; d'une semence de mort est sortie une moisson de vie. C'eût été déjà beaucoup si le poison avait péri : combien c'est une plus grande chose que de voir les remèdes prendre sa place! Jusqu'à présent régnait, comme dans un champ inculte et maudit, un épais fouillis d'épines; mais, voici! de ce fouillis épineux s'épanouissent des fleurs qui, par leur éclat, leur parfum, leur beauté, enchantent et ravissent également le ciel et la terre. Qu'importe que jusqu'ici cet affreux buisson ait déchiré de ses ronces tous ceux qui l'approchaient, maintenant qu'on en voit enfin sortir une rose gracieusement entr'ouverte et colorée par la rougeur d'une honte tardive!

« C'est ainsi qu'autrefois, quand l'antique peuple d'Israël

---

perenni sæculo, in præsenti comburat invidia. Addit hanc etiam ædis hujus commutatione felici, de sacrilegio sanctitas, de vetustate novitas, de confusione nobilitas. Fructificat locus martyrum quò floruit cultus idolorum; semente mortifera reditus vitalis excrevit. Magnum erat si periissent venena; quanto majus est successisse medicamina. Regnavit hactenus, velut in campo maledictionis incultæ, spinarum densa concretio, de qua, ecce, terrenis pariter satisfaciens supernis, delectabilis, tam odore quam specie, florum decor efflagrat; nec refert hactenus horrentem rubum tactu aspero vicina punxisse, de quo tandem rosæ, blanditer molliscentis, serò pudore vultus inrubuit.

« Sic quondam, dum priscus Israelita terram repromissionis expeteret, aridam

marchait à la recherche de la terre promise, la blancheur de l'aliment céleste couvrit la surface aride et désolée du désert; c'est ainsi que, du rocher qu'aucun voyageur n'avait jusque-là sondé, jaillit la source qui devait les désaltérer.[1] Mais que ces hommes d'un autre âge ne me vantent plus leur Moïse, pour avoir, d'un coup de sa baguette, adouci des eaux jusqu'alors toujours amères,[2] ni le prophète Elisée, son égal en vertu, pour avoir corrigé, par une infusion de farine, l'amertume d'une marmite remplie d'herbes sauvages.[3] Sans doute, ce sont là des exemples dignes d'admiration; qui pourrait le nier?[4] Mais, aujourd'hui même, il est accordé à votre évêque d'en faire autant, lui, qu'un succès tout à la fois divers et semblable rendra leur égal. Et même, n'est-ce pas une moindre marque de puissance de parvenir à modifier, par la prière, les choses créées, que de faire entrer le Créateur dans un édifice d'où l'on a chassé son ennemi?

---

squalentemque heremi faciem cælestis cibi candor aspersit[1]. Sic rupes eatenus cunctis vita...... (viatoribus?) inexperta largum sitientibus puteum, mollito duriciei naturalis rigore, profudit.[2] Quid mihi laudet antiquus Moysen suum aquas, ab ævo asperas, ligno castigante dulcasse?[3] Quid Eliseum, virtute non imparem, agrestis cibi amaritudine plenum libetem, medici farris infusione, condisse[4]? Hæc quidem gesta exempli admirabilis fuisse, quis nesciat? Sed non minus hodie vestro datum est sacerdoti, quem par diversitas felicis eventus parem paribus adprobabit; cùm minoris pæne virtutis sit creaturas orando convertere, quàm, hoste depulso, Creatorem ædibus invitasse.

1. La manne; Exode XVI, 14. — 2. Le rocher d'Horeb; Exode XVII, 6.
3. Les eaux de Mara; Exode XV, 25. — 4. La marmite des prophètes; 2 (4) Rois IV, 41.

« La place des païens est ici tenue, il est vrai, par la haine venimeuse des Ariens du voisinage, et, s'il ne s'y trouve plus, peut-être, d'idolâtre qui voulût adorer plusieurs divinités, il y a des hérétiques qui gémissent à la vue des hommages rendus au seul Dieu. Celui qui divise la Trinité aime, en effet, la pluralité des dieux ; il partage avec les païens le goût de la diversité, et, détruisant comme eux l'unité, il les voit avec plaisir se créer plusieurs dieux, et il trouve, en quelque sorte, dans leur exemple l'excuse d'en compter lui-même trois. Mais, pourquoi les faux adorateurs de Christ s'affligeraient-ils de ce qu'un lieu fermé à l'idolâtrie s'est ouvert aux vertus ? Personne n'est exclu de l'alliance du salut ; ils peuvent jouir, en commun avec ceux qui sont sauvés, de ce que jusqu'à présent nous n'avons pas voulu posséder avec ceux qui sont perdus. Nous condamnons les enceintes consacrées à des cultes profanes, mais nous ouvrons nos temples à ceux de leurs sectateurs qui se convertiront.

« Qu'ils viennent donc chercher ici, dans son unité, Celui en

---

« Implet hîc porro Gentilium vices vicinantium Arrianorum tabidus livor, et, si paganus hîc forte jam deest, qui plures Deos vellet excoli, gemet hæreticus qui unum conspicit exorari. Diligit quippe Trinitatis divisor numerositatem Deorum, et, consanguineo separationis affectu, pariter soliditate perrupta, multos Deos fieri a consentaneis adquiescit, sub quorum favore, quasi excusabiliter, ipse tres numeret. Quid ingemiscat Christi vacuus nominator, locum numinibus interclusum patuisse virtutibus ? Nullus à salutis consortio prohibetur ; sit eis pariter commune cum salvis quod hactenus nostrum noluimus esse cum perditis. Profanis cultibus claustra damnamus ; conversuris cultoribus templa patefacimus.

« Expetat ergo hîc solidum, quisquis amaverat ante divisum. Recognoscat nunc

qui ils s'étaient plu jusqu'à présent à mettre la division. Qu'ils reconnaissent maintenant le rocher qui est Christ, ceux qui ont jusqu'à ce jour adoré ici des pierres. L'autel des sacriléges a péri, un autel s'élève pour les sacrifices; le nom est le même, tout autre est la destination. Le serpent d'airain guérit là où mordait le serpent de feu,[1] qui a lâché prise sous ses étreintes. Ils sont contraints, par la force des choses, les ingrats, de subir l'obligation d'un bienfait qu'ils étaient indignes d'offrir, mais qu'ils sont forcés d'accepter. Vous diriez les corbeaux qui apportaient la viande au prophète Elie,[2] et qui, mis en fuite le gosier serré, apaisent, avec l'aliment qu'ils avaient convoité pour eux-mêmes, la faim d'autrui. Réjouissons-nous donc d'un commun accord: le fondateur, du succès de son œuvre; ses auxiliaires, du concours qu'ils lui ont prêté; le peuple, du gain qu'il a fait; le pays, de l'obéissance qui le maintient fidèle et le délivrera de l'infidélité. Que l'adversaire, plus utile par sa

---

Christum petram, quisquis hîc dudum saxa veneratus est. Sacrilegiis ara periit, venit ara sacrificiis : nomen unum, causa diversa est. Medetur serpens æreus quò momordit ignitus [1]; cessit constrictioni locum. Re cogitur ingratus et indicta sibi necessitate beneficii quod offerre non meruit, sed sufferre coactus est. Putes corvos Eliæ nostri, depulsos frenato gutture, ...um (carnium)[2] portitores, cibo quem concupierant aliena magis pavisse jejunia. Lætemur ergo exultatione concordi : effectu conditor, concursor adsensu, populus lucro, tellus obs..... (obsequio), fidelis ut permaneat, ne remaneat infidelis. ...... (Hostis ?) utilior conver-

1. Le serpent d'airain; Nombres XXI, 6-9.

2. « *Corvi deferebant ei carnes mane et carnes vesperi;* » 1 (3) Rois XVII, 6. Avitus affectionne beaucoup cette allusion aux corbeaux d'Elie. Epît. 35 : « *Non minuit gratiam qualitas portitorum, sicut nec Eliæ nostro... cibi... inter volatilium rostra viluerunt.* » Epit. 65 : « *Putasses eulogias vestras tenaci corvorum rostro ad Eliæ pastum exhiberi.* »

conversion quand il cède, que s'il triomphait selon ses désirs, en menant captif le vrai chef du salut, et en subjuguant le prince de la béatitude, que l'adversaire, puni par la perte salutaire de son temple idolâtre, sache se réjouir d'avoir été chassé de cette ancienne demeure, lorsqu'il aura compris qu'il ne pouvait se relever qu'en étant expulsé par de meilleurs que lui.»

Cherchons, maintenant que nous en connaissons bien le contenu, à nous rendre mieux compte de ce discours. Il nous apprend d'abord qu'Avitus était occupé, au moment où il le prononça, de la visite du diocèse de Genève et peut-être même de toute sa province ecclésiastique qui, située en grande partie dans les régions montueuses des Alpes,[1] ne laissait pas que de présenter au métropolitain en tournée d'assez grandes difficultés de déplacement. Mais les succès de la vraie foi, dont il constatait la réalité, lui faisaient aisément prendre son parti des désagréments du voyage, et il célèbre, avec des accents où la conviction emprunte trop souvent le langage de la

1. D'après la décision du pape Léon Ier, rendue en 450, l'évêque de Vienne exerçait les droits de métropolitain sur les diocèses de Valence, Tarantaise, Genève et Grenoble. Cette décision fut confirmée en 513 par le pape Symmaque, mais déjà avant cette dernière date, selon les auteurs de la *Gallia christiana* (t. XII, 785), l'évêché de Martigny aurait été agrégé par les rois burgondes à la province ecclésiastique de Vienne.

---

sione dum cedit, quam intentione si vicerit agens veritatis caput salutis vinctum, beatitudinis subjugatum, quæstuosa delubri sui amissione mulctatus, cùm se antiqua sede gaudeat potuisse depelli, cùm intellexerit, melioribus nisi pulsum, non posse restitui.»

rhétorique, les victoires de l'orthodoxie. Si l'emphase de son éloquence paraît disproportionnée à l'érection, dans un coin du diocèse, d'une église de second ordre, il ne faut pas oublier que c'est le triomphe de la religion sur les idolâtres et les hérétiques, qui forme le vrai sujet de l'homélie; la localité même où l'évêque de Vienne eut l'occasion de prononcer son discours, ne pouvait rien ajouter ni rien enlever à l'importance de ses paroles. L'instrument dont Dieu s'est servi pour faire triompher la bonne cause, c'est Maxime, l'évêque de Genève, auquel Avitus décerne des louanges qui trouvent leur confirmation dans l'éloge que fait de ce prélat un autre écrivain du sixième siècle: « En ce temps-là, dit-il, le siége de l'Eglise de Genève était occupé par Maxime, auquel la pureté et la sainteté de ses mœurs ne faisaient pas moins d'honneur que l'étendue et la variété de ses talents; chez lui la prédication de la parole divine atteignait les hauteurs de l'éloquence.[1] »

Il n'est donc pas surprenant que Maxime fût l'un des coopérateurs les plus efficaces d'Avitus dans cette croisade contre l'hérésie, qui fut pour celui-ci l'occupation principale de toute sa vie. L'éclatante conversion du roi Sigismond, puis celle de son fils Sigeric, qui l'un et l'autre étaient passés des rangs des Ariens dans ceux des catholiques, avaient contribué sans doute à favoriser les efforts des deux prélats, pour ramener dans leurs diocèses l'unité de la foi.

1. *Historia Abbatum Agaunensium*, citée, dans la Vie de St. Sigismond, par les Bollandistes, *Acta Sanctorum*, 1er mai, p. 84.

Cependant les succès dont Avitus félicitait Maxime n'étaient pas tellement complets, que les Ariens ne tinssent encore leur place à côté des orthodoxes et qu'il ne fallût plus ou moins compter avec eux. Leur existence est suffisamment attestée par le langage même de l'homélie; en outre, leur position dans Genève et son diocèse nous est révélée par la lettre qu'écrivit Avitus à leur sujet au roi Sigismond. Comme cette lettre rentre directement dans la question dont nous nous occupons, et que, tout en étant antérieure à l'homélie, elle lui sert néanmoins de complément, nous la reproduirons intégralement, en latin, d'après le P. Sirmond, et en français, dans une version où nous ne sommes pas sûr d'avoir toujours réussi à bien saisir et à bien rendre le sens de l'original.

AVITUS, EVEQUE DE VIENNE, AU ROI SIGISMOND.

« Je dois, toute ma vie, vous témoigner l'expression de mon dévouement; mais je le dois plus particulièrement encore à propos de la fête actuelle, qui est, pour votre sollicitude, une occasion de surveiller les tentatives des hérétiques, en même temps que de vaquer à la célébration de notre culte. La tâche vous incombe, en effet, lorsque, chaque année, nos adver-

---

AVITUS VIENNENSIS EPISCOPUS DOMNO SIGISMUNDO.

« Omni quidem vitæ meæ tempore debitorem me asserendi famulatûs agnosco; sed impensiùs festivitate præsenti, quæ sollicitudinem vestram, non minùs explorandis hæreticorum conatibus, quàm nostræ partis occupat cultibus celebrandis. Siquidem, per annuum quoddam contagium congregatis adversis, attento labore

saires se réunissent par une sorte de contagion, de soigneusement empêcher que, par leur ruse artificieuse, ils ne fassent renaître ce qu'avec la grâce de Dieu vous avez déjà si courageusement et si victorieusement détruit, quelle que soit la résistance qu'on oppose, sous vos yeux, au triomphe de Jésus-Christ. Ainsi, grâce à cette sollicitude, se trouvera plus vigoureusement réprimée la faction genevoise, qui, comme aux premiers jours du monde, a fait pénétrer dans le cœur des hommes, par le sifflement des paroles féminines, le venin des serpents.

« C'est pourquoi je désire, à supposer que j'en sois digne, être instruit le plus promptement possible, si, après s'être mis d'accord avec le roi, père de votre Majesté, on a cessé d'appliquer l'ordonnance qui avait introduit dans les discussions entre catholiques et Ariens cette peste des honnêtes gens vomie par l'enfer ; ou bien, si l'on continue à se laisser duper par crédulité, ou plutôt par cette hypocrisie perfide, qui, moins imprimée dans les cœurs que couchée sur le papier, en

---

vobis curandum est, ne, alienæ calliditatis fraude, pullulet quod, in Dei nomine, jam vestra victoria celebrabili virtute succidit, quamlibet Christo propitio, præsentibus vobis, obsistat. Hinc, illa sollicitudine pressior constipatio genavensis, quæ, in more originis primæ, virilibus animis virus anguium sibilo feminei sermonis insonuit.

« Unde, illud si mereor, quamprimum scire desidero utrum, cum domno Clementiæ vestræ patre mentio illius ordinationis exciderit (*Sirmond*, acciderit), quæ, bonorum pestem ab infernalibus latebris excitatam, catholicis Arrianisque certantibus intromisit ; vel, si servatur adhuc credulitatis, imo simulationis illius dolus, quem, non impressum animis sed chartulis exaratum, paulatim in antiquâ

revient peu à peu, grâce à une autorisation expresse, à ses anciennes opinions. Certainement, si cette secte continuait, comme elle avait commencé, à se confondre avec les Ariens, notre triomphe, sous votre règne, n'en serait que plus éclatant, puisque, les deux hérésies étant réunies en une seule, on verrait diminuer par nos conquêtes et nos arguments le nombre des schismatiques et des schismes.

« Daignez donc répondre à mon humble requête, et, à propos des fêtes de l'apôtre, votre patron particulier, accordez à notre impatience la double satisfaction de recevoir de vous, sur vous-même, de bonnes nouvelles.[1] »

La tolérance et les concessions accordées aux hérétiques dont il est ici question, prouvent assez qu'il fallait conserver encore envers eux certains ménagements, et qu'on ne pouvait, en particulier, leur refuser de prendre part à la fête annuelle qui se célébrait en l'honneur de saint Pierre, patron du diocèse. Et ce n'étaient pas seulement les Ariens qui pou-

---

sui dogmatis credulitate (*Sirmond*, crudelitate) revocat literata promissio? Quæ certè, si adhuc, ut cœperat, societati arrianæ communione immixta est, claret gloriosior, sub principatu vestro, noster triumphus, cùm, duabus hæresibus in unum redactis, tam acquirentibus quam convincentibus nobis (*Sirmond*, vobis), et schismaticorum numerus decrescit, et schismatum.

« Hinc ergo servitium curiositatis meæ dignanter aspicite, et, de peculiaris patroni vestri apostoli festis, expectationi nostræ prosperitatis et compellationis vestræ munera duplicate.[1] »

1. Aviti Opera, Ep. 29, p. 77. Cette lettre a été écrite entre les années 514 et 516, pendant que Sigismond, appelé par son père au partage de la royauté, résidait à Genève.

vaient profiter de cette faveur temporaire; elle avait été également accordée (ce qu'Avitus déplore et espère voir cesser) à une autre secte, qui paraît avoir recruté dans Genève même le gros de ses adhérents (*constipatio genavensis*). On a supposé que ces sectaires professaient les opinions de Photin, évêque de Sirmium, mort en 376.[1] S'ils s'unissaient aux Ariens, c'était en raison de leur commune hostilité contre les catholiques, plutôt que de l'identité de leurs doctrines. Les Photiniens, en effet, loin de s'en tenir à contester avec les disciples d'Arius l'égalité absolue du Père et du Fils, comme personnes de la Trinité, n'admettaient pas qu'avant la naissance de Jésus-Christ le fils de Dieu eût possédé une existence distincte et personnelle. « Très-pernicieuse hérésie, dit Avitus, qui, en faisant dater de Marie l'origine de notre Seigneur, blasphème Dieu le Père par son impiété envers le Fils.[2] » Assez répandus dans les Gaules, ces hérétiques, que l'évêque de Vienne appelle « la peste des honnêtes gens, » auraient donc été à Genève les devanciers du fameux infortuné qui, mille ans plus tard, vit ces mêmes villes de Genève et de Vienne se disputer la triste tâche de punir en sa personne une semblable opinion.[3]

Heureusement pour Avitus que, soit raison, soit nécessité,

1. Voy. J. Sirmond, notes sur les épîtres 28 et 29 d'Avitus, p. 27 et 28.

2. Opera, Epist. 28, p. 84. Agobard appelle Avitus : « *Photinianorum hæreticorum validissimus expugnator.* » Opera Aviti, Præf., p. 3.

3. Un des chefs de l'accusation dirigée contre Michel Servet portait : « Il dict que nostre Seigneur Iesus-Christ nest poinct fils de Dieu, sinon en tant quil a esté conçu du sainct Esprit au ventre de la vierge Marie; » et on lit dans l'énumération des charges que contient la sentence qui le condamnait : « Item a dict Iesus-Christ nestre fils de Dieu de toute éternité, ains tant seulement dempuys son incarnation. » Voyez *Relation du procès de Michel Servet*, dans les *Mémoires de la Soc. d'hist. de Genève*, t. III, p. 137 et 116.

on pouvait de son temps encore être intolérant sans être persécuteur, et, qu'au lieu d'invoquer contre les dissidents la sanction des lois criminelles, on se contentait, pour les ramener dans le giron de l'Eglise, de leur adresser du haut de la chaire, comme il le fait lui-même dans son homélie, de pressants appels et de vigoureuses remontrances. Pour bien saisir, du reste, le point de vue auquel l'évêque de Vienne s'est placé, et qui ne laisse pas que de jeter quelque confusion dans son discours, il faut savoir qu'il identifie le païen et l'hérétique, et que, n'étant pas sûr qu'il y ait encore des idolâtres dans le pays, il lance contre les schismatiques, à propos de l'échec infligé au culte des faux dieux, des invectives qui, sans cela, ne trouveraient plus d'application. Le paganisme est mort, sans doute, mais il revit dans l'hérésie, et tout ce qu'on aurait pu dire de l'un peut se retourner contre l'autre. C'est ainsi que l'éloquent prélat trouve moyen de donner à son homélie ce qu'on appelle aujourd'hui « un caractère d'actualité. » Tous les détails du discours s'éclaircissent quand on le regarde sous cet aspect, et qu'on se dit que l'intention du prédicateur est de fustiger les hérétiques sur le dos des païens.

L'on peut même aller plus loin, car notre homélie renferme des passages d'où il semble résulter que les hérétiques du voisinage se seraient servis, pour leur propre culte, du temple païen récemment détruit, et qu'on le leur avait enlevé pour installer à sa place un édifice consacré à l'usage des seuls orthodoxes. Si, dans cette circonstance, l'on avait suivi la pratique généralement admise par l'Eglise catholique, on n'aurait en effet éprouvé aucun scrupule à affecter purement et simplement, après l'avoir consacré, l'édifice ancien à sa destination nouvelle. Mais, en agissant ainsi, on se serait, en revanche, complétement mis en désaccord avec les idées professées sur ce sujet par le métropolitain de la province de Vienne et par ses suffragants. Tandis que, précisément vers cette époque (523), le pape Jean Ier écrivait aux évêques d'Italie : « Partout où vous trouverez des églises occupées par les Ariens, hâtez-vous de les consacrer au culte catholique,[1] » Avitus déclarait que la politique, comme la conscience, interdisaient une telle conduite, et ce n'est pas sous le roi arien Gondebaud, mais sous le roi catholique Sigismond, qu'il exprimait cette opinion dont on ne peut par conséquent suspecter la sincérité :

« Enlever aux hérétiques leurs églises, disait-il, c'est leur fournir un légitime motif de nous regarder comme des persécuteurs, et la mansuétude catholique ne doit prêter le flanc, ni à leurs calomnies, ni à celles des païens. Ne leur donnons pas la satisfaction du martyre. Qui sait d'ailleurs, si nous ou les nôtres nous n'aurions pas à souffrir les représailles de nos adversaires devenus triomphants? Mais il y a plus : on peut convertir un hérétique, j'avoue que j'ignore comment on s'y prend pour purifier et sanctifier une chose insensible. On change les cœurs, mais il n'y a pas de bénédiction capable

1. Labbe, *Concilia*, t. IV, p. 1606. En 511, le concile d'Orléans déclarait, dans son dixième canon, que « les basiliques qui ont été au pouvoir des Goths hérétiques doivent être consacrées de la même manière que les églises catholiques. » Ibid. 1406.

d'effacer les souillures matérielles. Notre Seigneur a voulu être enterré dans un tombeau neuf, et l'on ne parviendra jamais, quoi que l'on fasse, à purifier un sépulcre dans lequel un cadavre a pourri. On a beau jeter hors d'une église les ossements du dogme hérétique, la puanteur reste, et plutôt que d'y déposer les membres du corps sacré de Christ, je préfère la laisser vide dans une éternelle solitude.[1] » Conformément à ces principes, les évêques de la province de Vienne, réunis au concile d'Epaone en 517, sous la présidence de St. Avit lui-même, avaient promulgué le canon suivant (33) : « Nous dédaignons d'appliquer aux usages sacrés *les basiliques des hérétiques* ; car nous les avons en une si grande exécration, que nous regardons leur souillure comme irrémédiable.[2] »

Il ne semble donc pas que ce puisse être à un édifice, où le culte hérétique aurait succédé au culte païen, qu'Avitus fasse allusion dans son homélie, et il faut renoncer, par conséquent, malgré les apparences, à expliquer ainsi la portion de ce discours qui paraissait admettre cette interprétation. Autrement nous prendrions l'évêque de Vienne en trop flagrant délit d'inconséquence. Mais c'est trop nous attarder dans l'analyse de notre homélie. On pourrait sans doute, en se plaçant à un point de vue plus général, et en se livrant à un examen plus approfondi, y puiser, pour l'histoire ecclésiastique, d'intéressants renseignements. Cette tâche n'est pas la nôtre. Nous n'avons voulu étudier cette pièce de polémique oratoire, que par

1. Aviti Opera, Epist. 6, p. 24-28. — 2. Labbe, *Concilia*, t. IV, p. 1580.

les côtés où elle jette quelque jour sur le passé de notre pays. Nous allons envisager du même point de vue les autres pièces de la même collection, où, cette fois, nous ne trouverons, au lieu d'un discours complet, que des fragments disjoints et mutilés, dont il n'est facile de constater ni le sens, ni l'attribution.

Parmi ces fragments des homélies d'Avitus, notre attention doit se porter premièrement sur celui dont le titre renferme le nom de *Genova* : « DICTA IN DEDICATIONE BASILICAE GENOVA QUAM HOSTIS INCENDERAT. *Prêchée pour la dédicace d'une basilique à Genève, qui avait été brûlée par l'ennemi.* » Nous ne nous arrêterons pas à contester la juste application à notre ville du nom de *Genova*, quoiqu'on ne le retrouve point ailleurs sous cette forme, et quoique, dans l'autre homélie, Genève soit appelée *Janavinsis urbs*. De César à Avitus on compte au moins dix manières différentes d'écrire ce nom propre, et ces diversités orthographiques n'existent pas seulement d'un auteur à l'autre, on les retrouve encore, à quelques pages de distance, chez un même écrivain.[1] Rien n'était plus arbitraire et plus divergent, à cette époque, que l'orthographe des noms propres. Il n'y a donc pas lieu de douter qu'il soit ici question de Genève, puisqu'il ne peut être question de Gênes, et que, dans la province d'Avitus, on ne trouve aucune autre localité

1. On trouve le nom de Genève sous les formes suivantes, qui ont pour la plupart des adjectifs correspondants : *Geneva, Genava* ou *Gennava, Genova, Genaba, Genua ; Cenava ; Janoba, Januba, Jenuba ; Janua ; Janvis.* L'adjectif *Janavinsis* ne répond exactement à aucune de ces appellations.

à laquelle, de près ou de loin, on puisse appliquer cette dénomination.

Que l'évêque de Vienne ait fait dans le diocèse de Genève plus d'une dédicace d'église, cela n'a rien d'étonnant, et il n'y a pas à s'étonner davantage que ce fût à la suite des ravages de la guerre, que la reconstruction de l'édifice qu'il consacrait ait eu lieu. Quel était cet édifice? Alexandre Morus, qui le premier, croyons-nous, a fait usage, pour notre histoire, des homélies d'Avitus, voit dans l'église dont il est parlé celle de St-Pierre de Genève.[1] Cette opinion a été adoptée par tous les historiens subséquents, sauf J.-A. Gautier, qui pense qu'il s'agit simplement ici d'une église quelconque, et non pas de l'église principale de la cité.[2] D'après ce que nous avons dit plus haut sur le sens du mot *basilica*, nous estimons que c'est Gautier qui a raison, et qu'il n'est point ici question de la *basilique de Genève*, c'est-à-dire de l'église cathédrale qui aurait été appelée *ecclesia*, mais d'une *basilique à Genève*, soit qu'il faille chercher celle-ci dans l'intérieur ou au dehors de l'enceinte de la ville.

Nous avons appris, en effet, d'Avitus lui-même, que c'était alors l'usage d'ériger des basiliques aux abords des villes, et l'on trouve dans les chroniqueurs du temps plus d'un exemple d'édifices de ce genre qui étaient attribués à la ville sous les

1. Voyez *Oratio de duobus Genevæ miraculis, sole et scuto*. Medioburgi, 1652, 4°, p. 19 et 20. Ce discours offre un échantillon complet de ce que la rhétorique boursouflée, unie à une érudition indigeste et sans critique, peut produire de plus choquant. L'auteur fut, de 1642 à 1649, professeur de théologie à l'Académie de Genève.

2. Voyez Spon, *Hist. de Genève*, t. I, p. 24, note, éd. 4°.

murs de laquelle ils étaient construits.[1] L'église de St-Victor à Genève se trouvait dans ce cas. Nous ne voulons point dire toutefois que ce soit de cette église qu'il s'agisse ici. Nous croyons seulement que la basilique, « qui avait été brûlée par l'ennemi, » devait exister dans le voisinage immédiat de Genève plutôt que dans son intérieur. Il ne nous paraît pas résulter, en effet, des informations qui nous sont conservées, que, du temps de Gondebaud ou de Sigismond (du moins jusqu'en l'année 522, au delà de laquelle notre homélie ne peut pas se placer), Genève ait eu à souffrir d'un état de guerre assez grave pour que, dans le centre même de la ville, prise d'assaut, des édifices religieux aient été livrés aux flammes. L'histoire ne fait aucune mention d'une catastrophe de ce genre, que les chroniqueurs n'omettent pas en général. Avitus, dans les deux fragments qui nous restent de l'homélie qu'il prononça en dédiant la basilique reconstruite, n'y fait pas non plus la moindre allusion.

Les seules hostilités de quelque importance dont il soit alors parlé, et à l'occasion desquelles ce désastre aurait pu frapper notre ville, c'est, d'une part, la lutte engagée contre Clovis par Gondebaud et par son frère Godégisèle, auquel était échue la résidence de Genève ; c'est, d'autre part, la guerre faite par Gondebaud à ce même Godégisèle, qui, dans le combat livré près de Dijon par les deux frères à l'armée de Clovis, était passé avec toutes ses troupes du côté de l'ennemi, ce qui avait

1. Voyez plus haut, p. 11 et 12.

amené la défaite de Gondebaud.[1] Dans la première de ces circonstances, ce furent les Burgondes qui envahirent le territoire des Francs. Genève fut donc l'un des points de départ des agresseurs, et non l'un des points d'attaque exposés aux incursions de l'ennemi. Dans le second cas, quoique ce fût dans Avignon que Gondebaud eût été chercher un refuge, et dans Vienne que Godégisèle vainqueur eût établi son trône, il n'est pas impossible que des faits de guerre se fussent passés sous les murs de Genève, pendant que le premier de ces princes était poursuivi, dans sa fuite vers Avignon, par les troupes de Clovis. Mais si, dans cette occasion, notre ville avait été saccagée comme Vienne le fut bientôt, dans le siége que Gondebaud lui fit subir pour tirer vengeance de son frère, les historiens ne s'en seraient probablement pas tus.

L'incendie, dont parle le titre de l'homélie, mais sur lequel le texte de celle-ci semble muet, avait donc été, selon nous, le résultat d'une incursion faite par l'ennemi sous les murs de Genève, plutôt que d'une attaque en règle qui aurait porté dans cette ville la dévastation. Aussi, pour le dire en passant, ne croyons-nous point que la *restauration* de Genève, attribuée à Gondebaud par un document sans valeur,[2] doive s'entendre, si elle a eu lieu, de la réparation de grands dégâts commis dans son enceinte, mais qu'elle s'applique plutôt à ces

1. Voyez Grégoire de Tours, *Hist. Franc.*, l. II, c. 32, 33.

2. L'une des *Notitiæ Galliarum* publiées par Dom Bouquet, et à laquelle il refuse, avec Adrien de Valois, toute autorité et toute créance : « *Ejus operâ nihil probari, nihil certe erui potest, adeo ut nullam præbeat utilitatem.* » *Recueil*, etc., t. II, Præf., § 1 et p. 1, note 2.

travaux d'agrandissement et d'embellissement auxquels les princes aiment à attacher leur nom. C'est uniquement, d'ailleurs, à des travaux de ce genre que se rapporterait, d'après l'ingénieuse restitution d'Edouard Mallet, l'inscription mutilée où il est question des dépenses qu'aurait faites Gondebaud pour étendre l'enceinte de Genève. [1]

Quant à l'emplacement qu'occupait la basilique dont il s'agit, quant à l'époque précise où Avitus en fit la dédicace, quant aux circonstances, locales ou générales, au milieu desquelles il prononça son discours, ce sont là tout autant de points sur lesquels nous ne possédons aucune information, et sur lesquels en particulier ce qui nous reste de l'homélie ne nous procure pas le moindre renseignement. Tout ce qu'on y peut découvrir, c'est, dans l'exorde, une comparaison entre le publicain Zachée et le chef du diocèse de Genève, de laquelle il semble résulter que ce prélat aurait été appelé à l'épiscopat, sans avoir cherché à attirer sur lui l'attention de ceux qui conféraient alors cette fonction suprême. Mais de quel évêque est-il question? Est-ce de Maxime? Est-ce de l'un de ses prédécesseurs? Nous l'ignorons absolument.

Quelques déductions plus explicites nous seraient probablement permises, si nous pouvions revendiquer pour l'homélie, dont nous venons d'examiner le titre et l'exorde, les trois

1. Voyez les *Mémoires de la Société d'histoire de Genève*, t. IV, p. 308, où le texte de l'inscription est reconstitué comme suit :

(Gunde) BADVS REX CLEMENTISS(imus) | EMOLVMENTO BROPR(i)O | SPATIO MVLT(ip)LICAT(o) | (*Restauravit? Munivit? Auxit?*)

fragments dont M. Delisle la croit encore composée.[1] Mais nous ne saurions les lui attribuer. M. Delisle lui-même exprime sur le premier de ces fragments des doutes qui, indépendamment des raisons qu'il donne, sont pleinement justifiés, ce nous semble, par le contenu même du texte. Il s'y trouve des expressions qui ne peuvent s'appliquer à la reconstruction d'une église chrétienne (*loca erepta errori, viduata idolis*), et qui se rapportent évidemment à un édifice élevé, comme celui de Namasce, à la place d'un temple païen. Quant aux deux fragments suivants, renfermés l'un et l'autre sur les deux pages d'un même feuillet, nous n'estimons pas que ce soit à une homélie prononcée dans Genève qu'on puisse les attribuer. Ils sont inséparables l'un de l'autre, et ils composent la dernière portion du discours auquel ils appartiennent. Or, cette raison seule suffirait déjà pour ne pas les rattacher à celui dans lequel Avitus prit pour texte l'histoire de Zachée. Il existe, en effet, dans les papyrus de Paris, un autre fragment qui forme la péroraison d'une des homélies du saint évêque, et où, comme dans l'exorde de celle qu'il débita à Genève, il entretient ses auditeurs du péager de Jéricho.[2] La mention de celui-ci devait revenir tout naturellement à la fin du discours auquel le récit de St. Luc (ch. XIX), indiqué dès la première ligne comme formant l'évangile du jour (*ex evan-*

1. Voyez plus haut, p. 19-20 et 25-27.

2. Ce fragment se trouve sur le recto du premier feuillet des papyrus (p. 73 de la copie de Bignon). Le texte en est trop mutilé pour qu'on puisse aisément le rétablir, mais on y lit les expressions suivantes, qui ne laissent aucun doute sur son contenu : « *Zacchœus..... erogator divitiarum, severus fraudis........ vicini arboris........ ad videndum redemptorem.....* »

gelica lectione), servait de texte. Ce fragment est évidemment, ainsi que Bignon l'a déjà vu, la conclusion de l'homélie prêchée à Genève, dont on possède ainsi la tête et la queue. Pour les deux pages intermédiaires qui l'auraient complétée, nous ne savons pas les retrouver dans ce qui reste du texte des homélies. Puisse un plus habile investigateur les y découvrir un jour.

Mais, à supposer que ce ne fût pas le morceau où il est encore parlé de Zachée, qui formât la fin de l'homélie genevoise, ce ne serait toujours pas le texte contenu dans le feuillet 12, qui pourrait en tenir la place. Il renferme, en effet, des détails qui conviennent à un tout autre site que celui de Genève, et dans lequel nous avions été tenté de voir la description plus ou moins fidèle des environs de St-Maurice en Valais, où nous savons, par le titre d'une des homélies, qu'Avitus avait aussi fait entendre sa voix. Un fleuve tumultueux et profondément encaissé, un pont jeté d'une rive à l'autre, l'espace ouvert et élevé qu'occupe le saint édifice qui surplombe la rivière, c'étaient autant de traits qui semblaient, à certains égards, convenir à la situation du monastère d'Agaune.[1] Mais l'une des raisons qui nous empêchent d'attribuer ce fragment à l'homélie de Genève, ne nous permet pas davantage d'y voir la fin de celle qu'Avitus prononça dans la basilique de St-Maurice. En effet, cette fin se trouve déjà dans un autre feuillet des papyrus

1. *Est quidem fabrica præsens jocunda loco, imminens fluvio, et, confragosum vicini torrentis tumultum, velut impendentis reverentiæ terrore, castigat. Cohibetur venerabilibus ripis amnis arctatus, et pendulam interjecti pontis semitam, ad expetenda sacrorum culminum loca, substernit.* » Bignon pense qu'il s'agit ici de l'Isère, et que, par conséquent, ce passage appartient à l'homélie prêchée par Avitus en Tarentaise : « *Dicta in basilicâ sancti Petri, quam Sanctus episcopus Tarantasia condidit.* »

de Paris, en sorte que nous sommes ici encore en possession du début et de la péroraison d'une homélie, dont le milieu nous fait défaut. Mais, tandis que ni le morceau qui commence, ni celui qui termine le discours sur Zachée, ne nous procurent aucune information quelconque sur les circonstances au milieu desquelles ce discours fut prononcé, il n'en est pas de même de ce qui nous reste de l'homélie prêchée à St-Maurice d'Agaune.

Nous voulons en dire quelques mots : ce ne sera pas sortir de notre sujet, puisque, d'une part, ce n'est pas sortir de notre pays, et que, de l'autre, comme nous l'avons vu, l'homélie prononcée à Namasce, sur territoire genevois, se relie chronologiquement à celle qu'Avitus débita dans la basilique valaisanne.

Ici encore, l'évêque de Vienne exerçait ses droits de métropolitain ; le diocèse auquel appartenait le bourg d'Agaune portait alors le nom de Martigny, où résidait son chef spirituel. On voit cet évêque d'Octodurum siéger en 517 dans le concile territorial, convoqué par Avitus à Epaone, près de Vienne, et tenu sous sa présidence, et l'on peut considérer ce prélat comme l'un des suffragants de la province viennoise.[1] La suprématie ecclésiastique de saint Avit lui permettait donc de se regarder comme chez lui à St-Maurice, aussi bien qu'à Genève, et de présider, sans commettre d'usurpation, à la consécration solennelle que célèbre son homélie.

1. Voyez plus haut, p. 65.

Le titre de celle-ci nous apprend qu'elle fut prononcée le jour même de la fête des martyrs d'Agaune, c'est-à-dire le 22 septembre, et à l'occasion de changements opérés dans le monastère placé sous leur invocation : DICTA IN BASILICA SANCTORUM ACAUNENSIUM IN INNOVATIONE MONASTERII IPSIUS VEL PASSIONE MARTYRUM. [1] Nous n'avons point l'intention de discuter ici l'authenticité de la légende qui raconte que 6600 soldats chrétiens, composant la légion nommée *thébéenne*, ayant refusé d'exécuter les édits de persécution lancés par l'empereur Dioclétien contre leurs coreligionnaires, furent, sur l'ordre de Maximien Hercule, décimés d'abord, puis livrés à une extermination totale dans le voisinage d'Agaune, plus tard appelé Saint-Maurice, du nom d'un des principaux martyrs. [2] Ce qui est certain, c'est qu'avant le temps d'Avitus, il y avait à Agaune un établissement religieux quelconque, qui se rattachait à la mémoire et au culte des martyrs thébéens, [3] et que cet établissement fut réformé ou reconstitué par les soins du roi Sigismond.

S'il faut en croire un écrivain, à peu près contemporain de

1. La conjonction *vel* n'est pas employée ici dans le sens disjonctif, mais avec la signification copulative qu'elle possède souvent chez les auteurs de la basse latinité. « *Pro* vel *alii* et, *quod perinde est,* » dit Dom Ruinart, sur Grégoire de Tours, *Hist.* l. III, c. 6, où on lit : « *Chrotechildis regina Chlodomerem vel reliquos filios suos alloquitur.* »

2. Ce qui concerne l'origine et la crédibilité de la légende des martyrs thébéens a été discuté avec beaucoup d'impartialité et d'érudition par M. le professeur Gelpke, dans sa *Kirchengeschichte der Schweiz*, Berne, 1856, t. I, p. 50-86. On peut considérer son travail comme le meilleur résumé de cette question souvent débattue.

3. Les Bénédictins, qui ont composé l'*Histoire littéraire de la France*, démontrent, dans leur troisième volume, p. 78 et 111, qu'il y avait des moines à Agaune avant le règne de Sigismond.

ce prince, voici comment les choses se seraient passées[1] : « Après, dit-il, que Sigismond, fils du roi Gondebaud, eut abjuré les erreurs de l'arianisme pour embrasser la foi catholique, il s'appliqua avec zèle à servir les intérêts de la religion. Ce fut alors que Maxime, évêque de Genève (suit l'éloge reproduit plus haut, p. 66), engagea Sigismond à chasser, de la place que les bienheureux martyrs thébéens avaient rougie des taches de leur illustre sang un ramassis d'habitants vulgaires, et de ramener en ce lieu, sur lequel un châtiment atroce avait jeté tant d'éclat, une population respectable, afin que les ténèbres y fissent place à une perpétuelle lumière... Un conseil ayant alors été tenu, chacun fut d'avis, par l'inspiration divine, d'expulser d'Agaune toutes les femmes, ainsi que les familles laïques, pour y installer une famille de Dieu, c'est-à-dire une famille de moines qui, imitant jour et nuit les intelligences célestes, se consacreraient à l'exécution des chants divins. »

A ces détails un peu vagues, nous pouvons joindre des informations plus précises, dues aux historiens du sixième siècle. Marius, évêque d'Avenches, fixe à l'an 515 l'érection du monastère d'Agaune par Sigismond, que son père avait associé depuis peu à l'exercice de la royauté.[2] D'après Grégoire de Tours, ce ne serait, au contraire, qu'après la mort de Gonde-

1. *Historia Abbatum Agaunensium* citée plus haut, p. 66, et dont l'auteur, qui avait été le disciple de l'abbé Achivus, devait écrire vers 550.

2. « *Florentio et Anthemio consulibus monasterium Acauno à rege Sigismundo constructum est.* » Marii *Chronicon*, dans Dom Bouquet, *Recueil*, etc., t. II, p. 14.

baud, que son successeur aurait édifié ce monastère, « en y construisant avec un soin tout particulier des maisons et des basiliques.[1] » La divergence des dates fixées par ces deux chroniqueurs peut aisément se concilier, en attribuant celle que donne Marius au décret par lequel Sigismond prescrivit la construction du couvent, et en rapportant celle qu'indique Grégoire à l'époque où ce décret eut reçu sa pleine et entière exécution. Deux ou trois ans ne sont pas trop pour l'achèvement d'une entreprise de ce genre. Si l'évêque d'Avenches s'en tient, d'ailleurs, pour ce qui concerne l'œuvre de Sigismond dans Agaune, à ces simples mots : « Le monastère d'Agaune fut construit par le roi Sigismond, » il n'en est pas de même de l'évêque de Tours.

D'accord avec le plus ancien biographe du fils de Gondebaud,[2] il nous apprend que ce prince éprouvait, pour le monastère qu'il avait fondé, une prédilection particulière (*sollerti curâ*), dont il lui donna bientôt des marques nouvelles. A peine, en effet, Sigismond avait-il conduit à son terme l'œuvre de reconstruction dont nous avons parlé, qu'une catastrophe domestique survenue dans sa famille lui procura l'occasion de conférer à l'abbaye d'Agaune de plus éclatants témoignages de sa munificence. Ayant, dans un moment de violence, fait étrangler son fils Sigeric, le roi Sigismond vint à Saint-Maurice

1. « *Mortuo Gundebado, regnum ejus Sigismundus filius ejus obtinuit, monasteriumque Agaunense sollerti cura cum domibus basilicisque ædificavit.* » *Hist. Franc.*, t. III, c. 5.

2. Cet auteur anonyme de la vie de St. Sigismond, publiée par les Bollandistes dans les *Acta Sanctorum*, 1er mai, dit de ce prince : « *Meditabatur qualiter pretiosis sanctis (Agauni) deservire deberet ut agminibus eorum sociari posset.* » § 6, p. 87.

chercher un remède à son désespoir, et il crut ne pouvoir mieux faire, pour expier ce parricide, que d'introduire, dans le couvent qu'il venait de rétablir, un rite qui le distinguât de toutes les autres maisons religieuses. Sur l'institution de ce rite par Sigismond, tous les témoignages sont d'accord, et, quant à la circonstance qui en fut l'occasion, Grégoire de Tours la rapporte à deux reprises, d'une manière trop positive, pour que le simple silence du premier narrateur que nous avons cité (p. 83), puisse infirmer l'assertion de l'historien des Francs.[1]

Quelque étrange que puisse aujourd'hui paraître cette sorte d'assurance mutuelle entre le crime et la dévotion, elle est trop conforme aux mœurs du temps, pour ne pas trouver dans cette conformité même une garantie d'authenticité. Il n'est pas moins probable, comme on peut le conclure de divers témoignages,[2] que ce fut sur le conseil ou avec l'approbation des chefs de son clergé et principalement d'Avitus, que le roi parricide et pénitent, dont l'Eglise a fait un saint, se résolut à instituer dans Agaune le rite de la psalmodie perpétuelle, *psallentium assiduum* ou *quotidianum*, ainsi que l'appelle Grégoire de Tours.

1. Grégoire dit dans son *Histoire*, l. III, c. 5 : « *Uxoris iniquæ consilio utens* (*Sigismundus*), *iniquus exstitit parricida.... Quo facto, sero jam pœnitens..... ad sanctos Agaunenses abiens, per multos dies in fletu et jejuniis durans, veniam precabatur*; psallentium ibi assiduum instituens, *Lugduno reversus est....* » Et, dans son livre *Sur la gloire des Martyrs*, l. I, c. 75 : « *Sigismundus post interemtum per iniquæ consilium conjugis filium, compunctus corde Agaunum dirigit ibique..... pœnitentiam egit.... et* psallentium cotidianum instituit.... »

2. Voyez plus haut, p. 44, et Frédégaire, *Chronicon*, 1, dans Dom Bouquet, *Recueil*, etc., t. II, p. 417. Adon, évêque de Vienne, *Chronicon*, ibid, p. 607; Aimoin, moine de Fleury, *De Gestis Francorum*, l. III, c. 80; ibid., t. III, p. 106.

Cette innovation, « *inusitatum opus*,[1] » comme dit le biographe de Sigismond, ne portait point, du reste, sur le fond même de la psalmodie. Celle-ci devait continuer à avoir toujours pour objet les psaumes et autres morceaux de l'Ecriture, dont se composait chaque jour l'office divin ; mais le nouveau rite consistait à supprimer toute interruption dans ce qu'on appelait alors « la célébration du cours.[2] ». Ainsi, tandis que, dans les autres couvents occidentaux, les psaumes ne se récitaient que par intervalles, au retour des *heures canoniques*, les moines d'Agaune, à l'instar des cénobites d'Orient, devaient, au contraire, ne jamais suspendre les chants de l'office, et ils étaient, dans ce but, répartis en escouades (*per turmas*), ou en chœurs (*per choros*), qui se succédaient jour et nuit à tour de rôle, afin que la psalmodie se perpétuât sans interruption. En retour de cette obligation, qui les rendait plus nombreux et plus occupés, le roi Sigismond jugea bon d'accorder à leur couvent un supplément de dotation, soit en terres, soit en autres propriétés (*locumque tam in territorio quam in reliquis rebus affluentissime ditavit*), comme nous l'apprend Grégoire de Tours.[3]

De même que nous pensons, avec cet historien et le bio-

1. « *Tunc non aliter nisi nutu Dei, ut credimus, angelo nuntiante, ipsi revelatum fuit ut, ad instar cœlestis militiæ, psallentium choros institueret. Quo divinitus accepto consilio, sanctos atque apostolicos viros consuluit utrum salubriter cogitaret an non? Qua interrogatione inter se ventilata sancti antistites*, licet inusitatum opus, *tamen Domino annuente unanimiter corroboraverunt.* » Ubi supra.

2. Sur le sens et l'usage de cette expression, voyez Martigny, *Dictionnaire des antiquités chrétiennes*, Paris, 1865, 1 vol. 8°, p. 470, au mot *Office divin*.

3. *De gloria martyrum*, l. I, c. 75.

graphe du roi burgonde, que ce fut à la suite de son parricide que ce prince institua, dans Agaune, le chant perpétuel, de même nous regardons comme infiniment probable, que ce fut Avitus qui lui en suggéra l'idée. Epouvanté du crime qu'il avait commis, mais en même temps réconforté et stimulé par son directeur de conscience, Sigismond s'imagina qu'il mettrait sa pénitence à la hauteur de son forfait en dotant l'Eglise catholique en général, et son cher monastère d'Agaune en particulier, d'un rite extraordinaire et qui n'avait pas encore paru en Occident. Il existait assez de rapports entre le royaume de Bourgogne et l'empire d'Orient, aussi bien qu'entre les Eglises des deux pays, pour que l'idée d'emprunter, à ceux qu'ils regardaient comme leurs supérieurs hiérarchiques,[1] une nouvelle institution religieuse, pût naître naturellement dans l'esprit du prélat comme dans celui du monarque. Ce dernier, qui devait à l'empereur Anastase le titre de Patrice, cherchait par sa déférence à reconnaître cet honneur,[2] et l'évêque de Vienne, qui correspondait avec le chef de l'Eglise d'Orient,

1. Avitus, écrivant au patriarche de Constantinople, lui disait : « *Ut præcipuum sacerdotem justo vos desiderio sitimus.... Custodite traditam vobis* etiam super nos *disciplinam..... Expectat occidentalis Ecclesia in sermonibus vestris donum cœlestis oraculi.* » (Aviti Opera, Epist. 7, p. 48.) Il écrivait d'autre part à l'empereur Anastase, en parlant au nom du roi Sigismond : « *Vester quidem est populus meus, sed me plus* servire vobis *quam illi præesse delectat ; cumque gentem nostram videamur regere, non aliud nos quam* milites vestros *credimus ordinare.* » (Aviti Opera, Epist. 83, p. 137.) Bien que l'on ne doive pas prendre au pied de la lettre les expressions dont Avitus se sert pour dépeindre l'état de subordination politique et religieuse où se trouvaient les Burgondes relativement à l'Empire et à l'Eglise d'Orient, elles n'en attestent pas moins l'existence de rapports, plus ou moins intimes, entre les héritiers du prestige, plus que de la puissance, de Rome et les nouvelles sociétés fondées en Occident.

2. Dès que Sigismond eut succédé à son père, il s'empressa d'envoyer une ambassade à l'empereur Anastase, et il choisit, comme député, « *unum de consiliariis meis, qui, quantum ad ignorantiam gallicanam, cæteros præire litteris æstimatur.* » (Aviti Opera, Ep. 84, p. 140.) De même, en 519, lors de l'accession au trône de l'empereur Justin : « *Gloriosissimum principem officio legationis expetiit.* » (Ibid., Ep. 7, p. 48.)

se montre assez au courant de ce qui se passait dans l'intérieur de celle-ci.[1] Ils purent donc l'un et l'autre aisément concevoir la pensée d'imiter les monastères institués à Constantinople durant le quatrième siècle, et où des religieux appelés *Acèmètes* se relayaient tour à tour sans relâche, pour que les hymnes sacrés qui faisaient le fond de l'office divin se répétassent continuellement.

Saint Alexandre, qui, vers 420, fonda le premier de ces monastères, avait été frappé des paroles du psalmiste : « On méditera la loi du Seigneur jour et nuit, » et, après avoir pendant trois ans, dit son biographe, rêvé aux moyens de rendre possible cette perpétuité de la dévotion religieuse, il avait fini par former et par exécuter le projet de rassembler des moines qui célébreraient sans interruption, durant les vingt-quatre heures, l'office divin.[2] Après lui, Jean, son successeur, avait réglé les formes à suivre pour l'accomplissement de cette tâche, et il avait appelé ses moines, qu'il transporta en Bithynie, les *Acèmètes* (Ἀκοίμητοι), « mettant, dit son biographe, le nom d'accord avec la chose ; car, au moyen de la succession continue des chanteurs, il fit que la psalmodie *ne s'endormit jamais.*[3] » Vers 460, un Romain de distinction, nommé Studius,

1. Aviti Opera, Epist. 2, p. 7 ; 3, p. 10.

2. *Vita S. Alexandri* dans les *Acta Sanctorum* des Bollandistes, 15 janvier, §§ 29 et 30. L'auteur de la vie de S. Marcellus d'Apamée, l'un des successeurs d'Alexandre, dit de celui-ci : « Ὁ θεῖος Ἀλέξανδρος.... σεμνὸν ἱδρύεται Φροντιστήριον, οὗ δὲ καὶ νόμον εἰσάγει καινὸν μὲν, ἀλλὰ τὸ ἁπανταχοῦ κάλλιστον, μηδέποτε τῶν εἰς Θεὸν ὕμνων τὸ συνεχὲς διακόπτεσθαι, ἀλλὰ τῇ κατὰ διαδοχὴν τῶν λειτουργούντων ὑπαλλαγῇ τὴν ἀσίγητον καὶ ἄπαυστον τῷ Δεσπότῃ περιποιεῖσθαι δοξολογίαν. » Ibid., p. 1018.

3. « Αὐτοῦ τὸ πρᾶγμα ὄνομα τῷ τόπῳ δόντος, ἐκ τῆς διηνεκοῦς πρὸς Θεὸν ᾠδῆς, τῶν Ἀκοιμήτων ἄχρι τοῦ δεῦρο τὸ Φροντιστήριον ὀνομάζεται.... Ἐκ διαδοχῆς τῶν ᾀδόντων τὴν πρὸς Θεὸν ἀκοίμητον ἐποιεῖτο δοξολογίαν. » *Acta Sanct.*, ubi supra.

rétablit à Constantinople le nouveau rite, et répartit les religieux qui devaient l'observer en trois troupes distinctes (εἰς τρία μέρη).[1] L'analogie avec l'institution d'Agaune est trop frappante pour être fortuite.

Si l'on admet, comme nous, qu'il faut, en suivant le témoignage formel de Grégoire de Tours, distinguer entre l'époque de l'introduction de ce nouveau rite à Agaune et celle de la restauration du monastère qui l'avait précédée, on est conduit à se demander dans laquelle de ces deux circonstances Avitus prononça l'homélie dont nous avons reproduit le titre. En d'autres termes : Quel sens faut-il donner aux mots *in innovatione Monasterii* qu'il renferme ? En s'en tenant, comme on l'a fait jusqu'ici, au passage qui suit immédiatement ce titre et qui sert d'exorde au discours, on ne peut rien conclure. Cet exorde, qui se rapporte exclusivement à la fête des martyrs thébéens, peut aussi bien convenir à la dédicace du couvent restauré, qu'à l'inauguration de la règle nouvelle ; puisque l'on a dû tout naturellement choisir pour chacune de ces deux cérémonies le jour où l'on célébrait la fête des saints martyrs.

Mais, comme nous l'avons dit, ce n'est pas seulement l'exorde, c'est aussi la péroraison du discours d'Avitus qui subsiste encore, et, quoique les érudits qui se sont occupés d'Agaune ne

1. Pendant que Gennadius occupait le siége de Constantinople, raconte l'historien ecclésiastique Nicéphore Callistas : « Στούδιός τις περιφανὴς ἀνὴρ ἐκ Ρώμης ἥκων.... μοναχοὺς ἐκ τῆς τῶν Ἀκοιμήτων μονῆς ἐγκαταστήσας.... ἀσίγητον τὸν ὕμνον παρασκευάζει Θεῷ ἀναπέμπεσθαι, εἰς τρία μέρη τὴν ποίμνην διανειμάμενος. » *Hist. eccl.*, XV, 23.

l'aient jamais, à notre connaissance, revendiquée pour l'homélie prêchée dans la basilique de ce monastère, nous croyons qu'il ne peut exister aucun doute sur la légitimité de cette attribution. Il suffit, pour s'en convaincre, de comparer le contenu de ce morceau avec les renseignements que nous avons recueillis sur l'institution du chant perpétuel. Il en résulte que l'expression d'*innovatio monasterii*, et celle d'*institutio Acaunensium* qui lui correspond dans le titre de l'homélie, prêchée à Namasce, ne peuvent l'une et l'autre s'entendre que de l'installation de la règle et du rite institués par Sigismond, en expiation du meurtre de son fils.

Avant de justifier notre opinion par la traduction des paroles mêmes d'Avitus, nous désirons reproduire celles qui forment le début de son discours et qui attestent l'existence, à cette époque, de la tradition relative au martyre des soldats chrétiens immolés sur les bords du Rhône. L'orateur commence, en effet, par résumer les traits principaux de la narration consacrée dont ses auditeurs venaient, une fois de plus, d'ouïr la lecture :

« On vient, leur dit le prédicateur, on vient, en vous relisant, suivant une sainte coutume, le récit de leur martyre, de vous faire entendre le panégyrique de ces bienheureux guer-

« Præconium felicis exercitus, in cujus congregatione beatissima nemo periit, dum nullus evasit, cùm injustam sanctorum martyrum mortem quasi sortis justi-

riers, dans les rangs fortunés desquels nul n'a été perdu, bien qu'aucun n'ait échappé ; comme si l'injuste trépas de ces saintes victimes avait été en quelque sorte condamné par la justice du sort qui, deux fois jeté sur cette paisible troupe, accrut au centuple le nombre de ceux qui ne devaient être que décimés ; en sorte que la haine, tournant à leur avantage, les choisit les uns après les autres, jusqu'à ce qu'ils fussent tous ensemble élus et réunis. On vous a raconté avec quel courage... avec quelle inaltérable modération...... »

Ce qui suivait ce début (dont nous garantissons le sens général, plus que l'exacte interprétation de chaque phrase), nous ne le savons pas. Chacun peut suppléer à son gré les jeux d'esprit de cette éloquence alambiquée. Nous possédons en revanche, comme nous l'avons dit, la dernière portion du discours, qui, déjà publiée en partie par le P. Sirmond, se trouve plus complète encore dans la copie de Jérôme Bignon, d'après laquelle nous allons la reproduire. C'est là que se rencontre, bien qu'on ne l'y ait pas jusqu'à présent reconnu, le plus ancien et le plus authentique témoignage de l'institution de la psalmodie perpétuelle dans le couvent d'Agaune. Quoi-

---

tia judicârit, quâ, bis super aciem dispersâ mansuetam, centuplex decimatis fructus adcresceret, et odio in prosperum suffragante eatenus eligerentur singuli donec simul colligerentur electi, ex consuetu(dine).......... series lectæ passionis explic(uit). Descripta .... est vitalis.. telorum instrumenta moderatio continua........... »

que mutilée dans une partie de son texte, cette fin de l'homélie offre néanmoins, par le mouvement général de la pensée et par la précision de certains détails, tous les éléments nécessaires pour son interprétation. Nous croyons donc pouvoir tenter celle-ci, sans nous flatter toutefois d'une entière réussite.

Après avoir, on ne sait à quel propos, célébré les gloires et les félicités de la Jérusalem céleste, Avitus s'adresse en ces termes à un prince qui ne peut être que le roi Sigismond :

« O très-pieux Souverain qui, pour être sur le trône plus jeune que d'autres princes, n'en es pas moins le premier de tous dans ton zèle pour les autels, il y a dans ce que tu as accompli bien des choses qui ont dû, jusqu'à présent, nous inspirer une vive reconnaissance ; comblés de bienfaits, mais pauvres de paroles, nous recevons de grands biens, et nous y répondons mal. Tu as rempli tes églises de trésors et de fidèles ; tu as construit à tes frais les autels que tu as ensuite enrichis de tes dons. Jamais nos paroles n'ont été à la hauteur de tes mérites, mais lorsque nous en venons à la *solennelle*

« Multa sunt, piissime præsul, in tribunali aliquibus junior, in altario omnium prior, multa sunt, inquam, in operibus tuis, quibus nos hactenus gratias debuisse dicamus. Ditati donis, pauperes verbis, percepimus magna, pauca persolvimus. Ornasti ecclesias tuas gazarum cumulo, numero populorum ; struxisti sumptibus quæ muneribus cumulares altaria. Nunquam quidem contulimus verba virtuti,

psalmodie d'aujourd'hui, ce serait peu de dire que tu surpasses nos louanges, puisque tu surpasses même tes propres œuvres.

« Qui pourrait, en effet, méconnaître ce qu'il y a de glorieux dans cette *innovation*, grâce à laquelle, tandis que, pendant les intervalles des offices, le culte cesse dans les autres sanctuaires, dans celui-ci la voix des chrétiens retentira perpétuellement, Christ sera perpétuellement célébré, perpétuellement entendu, et paraîtra vous exaucer perpétuellement en habitant désormais parmi vous. . . . .
Votre travail en ce monde vous fait goûter l'espoir du repos éternel : occupés d'une œuvre bénie, toute occasion de pécher vous est ôtée...... Vous fuyez le monde, il est vrai, mais vous priez pour le monde...... Que *votre sainte vigilance veille* pour tous...... Par *une telle institution*...... puisse cette Gaule qui nous est chère fleurir et prospérer ! Que l'univers envie ce que ce lieu vient d'inaugurer ! Qu'aujourd'hui commence l'éternité pour cette œuvre pieuse, et pour ce pays la célé-

---

sed, cum ad *præsens psalmisonum solemne* perventum est, parum puto si dicam verba nostra, vicisti hodie insuper et opera tua.

« Quis enim.... (negâ) rit, interdum tabernaculis officiorum mutatione vacantibus, illud glorios.. (um) *innovari*, quo semper Christianus sonet, semper Christus....... semper audiatur, cœteris semper videatur exaudiens vos, nunc habitaturus hic . . . . (vos) sæculi labor ad spem quietis perpetuæ invitat ; quibus occupatis actione felici omne peccandi tempus excluditur. . . . . mundum quidem fugitis, sed orate pro mundo, excluso a vobis sæculo. . . . . . . (san)ctum vigilare vestrum cunctis invigilet ; quo . . . . ter nobis *institutioni tali* . . . . . Gallia nostra florescat ! Orbis desideret quod locus invexit ! Incipiatur hodie et

brité! Ceux *qui se consacrent à louer Dieu* dans le siècle présent, et qui le loueront de même durant les siècles futurs, trouveront dans la mort le renouvellement, plutôt que le terme, de cette sainte action. Puissiez-vous recevoir dans le ciel pour récompense ce dont vous aurez pris l'habitude sur la terre! Puisse votre *persévérance* être couronnée d'un si grand honneur, que ce qui va faire l'objet de votre tâche, vous soit accordé comme la juste rémunération de vos peines! »

Sommes-nous les victimes d'un singulier mirage? Ou bien ce qu'Avitus appelle le *psalmisonum solemne*, n'est-ce pas précisément ce *psallentium assiduum* dont Grégoire de Tours fait mention? L'*innovation* et l'*institution* qu'il célèbre, n'est-ce pas ce rite nouveau auquel on donnait le nom spécial de « l'*institution d'Agaune*? [1] » Ces riches dotations, que prodigue le roi Sigismond (*struxisti sumptibus quæ muneribus cumulares altaria*), n'est-ce pas une allusion à la munificence dont le monastère

1. « *Institutio SS. Agaunensium;* » Frédégaire, *Chronicon*, 1. « *Ad instar monasterii Agaunensium psallere;* » *Gesta Dagoberti*, I, § 35; dans Dom Bouquet, *Recueil*, etc., t. II, p. 589. « *Ordo psallendi in loco SS. Agaunensium institutus;* » Aimoin de Fleury, *De Gestis Franc.*, III, 80. Ibid., t. III, p. 106, etc.

---

devotioni æternitas, dignitas regioni. Laudantibus in præsenti sæculo Deum, laudaturis pariter in futuro, renovat magis obitus quam terminat actionem. Recognoscatis in cœlo quam de hac tellure portabitis consuetudinem præmiorum; tantusque perseverantiam vestram honor sequatur, ut quod vobis in exercitio erit operis, hoc solvatur in præmio pro retributione mercedis. [1] »

1. Nous donnons à la fin de ce Mémoire, dans l'*Appendice*, n° I, A et B, le texte des deux fragments de l'homélie d'Agaune, d'après la collation faite sur le papyrus original par les soins de M. H. Bordier.

de Saint-Maurice était l'objet? L'absolue séparation d'avec le monde, la perpétuelle vigilance et la constante occupation de louer Dieu, qu'est-ce autre chose que la caractéristique la plus exacte de l'œuvre imposée aux religieux de cette abbaye ? Et, quand l'évêque de Vienne leur promet une récompense qui leur rappellera durant l'éternité ce qu'était leur tâche sur la terre, n'est-ce pas des cantiques qu'ils entonneront près du trône de Dieu, dans la société des bienheureux et des anges, qu'il est question ?

Les paroles d'Avitus fournissent, d'ailleurs, plus d'un renseignement sur la nature du rite spécial inauguré par Sigismond. La nouveauté et le caractère exceptionnel de l'observance ressortent des louanges accordées à ce prince pour s'être en quelque sorte surpassé lui-même en l'instituant. Non-seulement la perpétuité de la psalmodie est signalée avec beaucoup de précision et de force, mais nous pouvons discerner encore quel en était le sujet,[1] et reconnaître en même temps dans quel esprit et à quelle intention l'œuvre était entreprise. Placés sous une clôture sévère, qui devait les mettre à l'abri, croyait-on, de toute occasion de chute (*omne peccandi tempus excluditur*), les moines d'Agaune se trouvaient chargés (ce qui était l'idéal primitif de la vie monastique) de vaquer ici-bas, comme les anges dans les cieux, pour le salut du monde, à

1. Nous aurions désiré constater comment se faisait à Agaune, dans le chant perpétuel, la distribution des diverses portions de la psalmodie. Il nous a été impossible de nous en former une idée claire d'après le seul passage qui semblait renfermer sur ce sujet quelque information. On le trouve dans le *De Gestis Francorum* du moine Aimoin, et nous le reproduisons dans l'*Appendice* de ce Mémoire, n° II, A.

l'adoration et à la prière. Ils devaient entretenir, pour ainsi dire, entre le ciel et la terre un commerce continu de bénédictions, et ne laisser jamais tarir, en récitant incessamment les psaumes qui composaient le fond de l'office divin, cette source de supplications et d'actions de grâces à laquelle, de tout temps, se sont désaltérées dans l'Eglise chrétienne les âmes qui ont soif de Dieu.[1] Les louanges perpétuelles du Seigneur, une constante intercession pour les pécheurs qui sont dans le monde, voilà en quoi consistait cette œuvre bénie (*actio felix*), à laquelle Avitus souhaite une éternelle durée et de jaloux imitateurs.

On peut admirer la pieuse sincérité de l'évêque de Vienne; il est difficile d'estimer très-haut sa perspicacité. L'entreprise qu'il inaugurait portait en elle-même le principe de sa décadenee, car on n'assimile pas impunément les hommes aux anges. Mais, si l'institution de la psalmodie perpétuelle n'a pas eu, dans le monastère d'Agaune, la durée que lui souhaitait Avitus, les imitateurs, en revanche, ne lui ont pas manqué. Soixante ans plus tard (584), le roi Gontran introduisait à Dijon, dans l'église de Saint-Bénigne et dans le monastère de Saint-Marcel à Châlons, « l'*institution* d'Agaune, qui du temps du roi Sigismond, » dit le chroniqueur, « avait, sur l'ordre de

1. Un évêque presque contemporain d'Avitus, saint Nicet de Trèves, dans son traité *de Bono Psalmodiæ* (d'Achery, *Spicilegium*, ed. 2a, t. I, p. 224), après avoir célébré en très-bons termes l'excellence des Psaumes, ajoute: « *In Psalmis Christi sacramenta cantantur.... Hæc sunt cantiqua Dei, quæ canit catholica ecclesia.* » Ces deux courtes phrases résument tous les développements qu'Avitus donne à la même pensée dans son homélie.

ce souverain, été établie par Avitus et d'autres évêques.[1] » Dans le siècle suivant, Dagobert Ier (634) adoptait également pour l'abbaye de Saint-Denis, près Paris, « l'institution du chant par escouades (*psallentium ordo per turmas*), comme elle se pratique jour et nuit, » dit son fils Clovis II, « dans le couvent de Saint-Maurice à Agaune[2]. » Ce même rite fut aussi en usage dans les monastères de Luxeuil en Bourgogne, de Remiremont dans les Vosges, de Saint-Germain à Paris, de Saint-Médard à Soissons, de Saint-Riquier dans le Ponthieu, et dans d'autres encore.[3] On ne peut donc méconnaître qu'Avitus et Sigismond avaient bien compris l'esprit de leur temps.

Cependant, trois siècles s'étaient à peine écoulés, que le chant perpétuel ne retentissait plus sous les voûtes de cette abbaye d'Agaune, dont il avait pris et illustré le nom. On avait, comme nous l'avons dit, trop présumé des capacités

1. C'est Frédégaire qui dit cela (*Chronicon*, 1) pour Châlons; et pour Dijon on lit dans la *Chronique de St-Bénigne* (d'Achery, *Spicilegium*, ed. 2a, t. II, p. 363) : « *Instituit nempe Gunthramnus, ut ad similitudinem monasterii SS. Agaunensium diu noctuque divinum in hâc ecclesiâ* (Sti Benigni) *persolveretur officium.* »

2. Diplôme de Clovis II, dans Dom Ruinart, Appendice des *Opera Gregorii Turonensis*, p. 1384. « *Eo ordine ut, sicut tempore domni genitoris nostri ibidem* (in Scto Dionysio) *psallencius per turmas fuit institutus vel sicut ad monasthirium Si Mauricii Agaunis die nocteque tenetur, ita in loco ipso celebretur.* X kal. julias XVI regni nostri » (22 juin 653).

3. De ces divers monastères, celui de Remiremont (*Habendense*) était un couvent de femmes fondé par S. Romaric, vers 625, à l'instigation de S. Amatus qui avait été élevé à Agaune : « *Ibi*, dit le biographe d'Amatus, *multis virginibus congregatis, psallentium per septem turmas, in unaquaque turma duodenis psallentibus, die noctuque jugiter instituit.* » Voyez les *Acta Sanctorum Ordinis S. Bened. Sæc.* II, p. 133, § 20. Vingt ans plus tard, un autre monastère de femmes institué à Laon par Ste Salaberge adopta aussi le même rite. Après avoir divisé ses religieuses en escouades, selon la règle des moines d'Agaune et du couvent de Remiremont, Salaberge leur ordonna « *die ac nocte psallendo canonem Omnipotenti personare et, juxta egregium prædicatorem Paulum, sine intermissione orare.* » Ibid, p. 423. Dans l'abbaye de St-Riquier le chant perpétuel fut introduit par St Angilbert, gendre de Charlemagne. Les prescriptions que renferme sur ce sujet la règle qu'il rédigea donnent une notion assez juste de la manière dont devait se pratiquer cette forme de l'office divin. Nous en reproduirons quelques passages dans l'*Appendice* no II, B.

humaines. L'ennui seul aurait amené la fin de ce tour de force religieux, et, comme l'écrivaient quelques siècles plus tard les chanoines de l'abbaye de Saint-Martin de Tours, où le même chant perpétuel avait aussi été institué, « il fallait mettre un terme à cet intolérable et fastidieux labeur, à ces perpétuels et interminables chants.[1] » D'ailleurs, s'il est vrai (comme le dit un document d'une authenticité douteuse et qui est seul à l'affirmer[2]), que les moines d'Agaune, au nombre de 900, fussent exempts de tout travail manuel et exclusivement occupés à chanter la psalmodie à tour de rôle, il n'y a pas à s'étonner que cet exercice machinal de spiritualité ait porté des fruits amers d'hébêtement et de corruption. On ne peut, du reste, dépeindre la décadence précoce de cette maison reli-

1. C'était à Philippe de Heinsberg, archevêque de Cologne, qu'était adressée, vers 1180, cette lettre où les chanoines de Tours s'exprimaient ainsi : « *Monachis, vel propter inertiam, vel propter frequentantium inquietudinem, integre non prosequentibus, canonici a principibus terræ substituti sunt..... Et, ad temperandum laborem illum fastidiosum et intolerabilem, juges illæ et interminabiles psallentium alternationes ad certas et discretas, sicut in aliis fit ecclesiis, horas distinctæ sunt.* » Voyez *Acta Sanct. Ord. S. Ben. Sæc.* IV, P. I, p. 173.

2. Nous voulons parler de la pièce connue sous le nom d'*Actes du Concile d'Agaune*, et qui renferme le prétendu procès-verbal des conférences où le roi Sigismond débattit avec ses évêques ce qui concernait l'érection et l'organisation du monastère de St-Maurice. Publié pour la première fois, par le P. capucin Sigismond, dans son *Histoire du glorieux sainct Sigismond martyr* (Syon, 1666, 1 vol. 4°, p. 375), ce document fut promptement signalé comme apocryphe, d'abord par le P. Lecointe, de l'Oratoire, et le P. Chifflet, jésuite, puis par le ministre protestant Dubourdieu. Le P. Mabillon, qui cherche à le défendre, en sacrifie pourtant l'authenticité : « *Quod*, ut genuinum non sit, *certe antiquissimum est* » (*Annales Ord. S. Ben.*, l. I, n° 71). Le plus ancien manuscrit de ces *Actes*, conservé dans les archives du couvent de St-Maurice, ne remonte pas au delà du XIIe siècle, et le contenu de la pièce offre tous les caractères d'une compilation maladroite, rédigée longtemps après l'époque à laquelle elle est censée remonter. Comme le dit sèchement, mais justement, le P. Chifflet : « *Hujus fundationis tabulæ sunt imperiti cujuspiam* » (*Acta Sanctorum* des Bollandistes, au 6 juin, p. 673). Au nombre des arguments les plus forts contre l'authenticité du document en question, il faut placer ceux qu'a donnés en sa faveur M. P. de Rivaz, dans ses *Eclaircissements sur le martyre de la légion thébéenne* ; Paris, 1779, 8°, p. 127-145. Les *Actes du concile d'Agaune* ont été fréquemment réimprimés ; si nous ne nous trompons, la plus récente publication qui en ait été faite se trouve dans le *Mémorial de Fribourg*, t. IV, p. 338, année 1857.

gieuse, d'une manière plus énergique, que ne le fait une bulle du pape Eugène II, où ce souverain pontife déclare que les moines d'Agaune « s'étaient déshonorés par d'infâmes et déplorables souillures » (*monachis nephanda et miserabili sorde pollutis*). Une nouvelle réforme étant ainsi devenue nécessaire, le roi Louis le Débonnaire remplaça en 824, par l'installation de trente chanoines, l'organisation monastique dont Sigismond et Avitus avaient été les fondateurs.[1]

Quand l'évêque de Vienne prononçait son homélie et prodiguait ses louanges au prince qui était son catéchumène et son pénitent, il ne prévoyait ni la prompte déchéance de la nouvelle règle, ni la chute bien plus rapide encore de l'avant-dernier roi burgonde.[2] L'année n'était pas révolue, que Sigismond, fait prisonnier par les Francs, subissait, après une courte captivité, la mort violente et prématurée qui lui a valu le titre de martyr.[3] Cet événement nous permet de préciser la date de l'homélie d'Agaune. Elle se place nécessairement entre le meurtre de Sigeric, commis en 522, et la captivité de son père,

1. Voy. la bulle d'Eugène II dans la *Gallia Christiana*, t. XII, p. 425, et *Mém. de Fribourg*, ibid., p. 353 : « *Postulavit à nobis Lodoicus, cognomine Pius .... rex Francorum, quatenus monasterium SS. Agaunensium......... privilegio... decoretur....... sicut ante nostri prædecessores ejusdem loci monachos, ita nos canonicos quos, propulsis monachis nephanda et miserabili sorde pollutis, in eodem loco rex ordinaverat, auctoritate sedis apostolicæ decoremus.* »

2. « *Avitus Sigismundum regem in fide pietatis erudivit ; qui, agente illo, postmodum monasterium SS. Agaunensium construxit ; quem postmodum captum et à Francis occisum vehementer doluit.* » Ce sont les paroles d'Adon, l'un des successeurs d'Avitus sur le siége de Vienne, dans sa *Chronique* écrite vers l'an 870 ; voy. Dom Bouquet, *Recueil*, etc., t. II, p. 667.

3. Voy. Grégoire de Tours, *Hist. Franc.*, l. III, c. 6 : « *Sigismundus, dum ad sanctos Agaunos fugere nititur* (toujours la prédilection pour Agaune) *à Chlodomere captivus abducitur..... Contra Gundemarum Chlodomeris ire disponens Sigismundum interficere destinavit..... statimque interfecto cum uxore et filiis.... in puteum jactari præcepit.* »

commencée en 523.[1] Nous savons, d'un autre côté, que ce discours fut prononcé le 22 septembre, jour de la fête des martyrs thébéens, et ce mois ne peut appartenir qu'à l'une des deux années dont nous venons de parler. Comme l'expiation dut suivre de près le crime, nous croyons que c'est à celle où fut commis le parricide qu'il faut donner la préférence. Ce serait donc peu de jours après le 22 septembre 522, qu'Avitus, « au retour de l'institution d'Agaune, » aurait prononcé à Namasce, dans le diocèse de Genève, l'homélie dont la découverte a été pour nous l'occasion de cette étude.

Ceci nous conduit au terme des solutions, ou plutôt des conjectures, que nous avions à proposer sur les diverses questions historiques qui, dans cette chasse à la vérité, se sont levées sous nos pas. Mais, bien loin de prétendre que nous ayons visé et frappé juste, nul n'est moins sûr que nous d'avoir atteint ce gibier difficile, qu'il est si attrayant de poursuivre et si douteux de capturer, nous voulons dire : la certitude.

1. On lit dans la *Chronique* de Marius d'Avenches, à l'année 522 : « *Symmacho et Boetio consulibus Segericus filius Sigismundi regis jussu patris sui injuste occisus est* ; » et à l'année 523 : « *Maximo consule Sigismundus rex Burgundionum Francis traditus est et in Francia perductus.* » Voyez Dom Bouquet, *Recueil*, etc., t. II, p. 15.

APPENDICE.

N° I

(Les lettres entre crochets n'existent plus que dans la copie de J. Bignon, vol. 297 de la collection Baluze, à la bibliothèque impériale de Paris.)

A

(Papyrus folio 7 recto. Bignon 71 b; plus haut, p. 90; Sirmond, Aviti Opera, p. 164, fragm. VI.)

[DIC]TA IN BASILICA SCORUM ACAUNENSIUM IN INNOVATIONE MONASTIRII [I]PSIUS VEL PASSIONE MARTYRUM.

Præcunium felicis exercitus in cujus congregatione beatissima ne[mo || per]it dum nullus evasit cum injustam sanctorum martyrum mortem quasi || [sort]is justitia judecarit qua bis super aciem dispersa mansuetam ce[n||tuple]x decimatis fructus adcriscerit et hodio in prosperum subfragante || [eaten]us [e]![iger]entur singoli donec simul collegerentur elicti ex consu [etu||............s]eries licte passionis exple[c... descripta.......... est vetalis telorum instrumenta mode]ratio con[tinua.................

B

(Papyrus folio 8 verso. Bignon 72; plus haut, p. 92; Sirmond, ibid., fragm. VII.)

cuju]s aditus nocte non claudetur quia non habit nocte cujus fores semp[er||pa]ratas justis patulas impiis inaccessas non alternant claustra sed merita|| [cuju]s fundamentum Christus est fides machina muros corona margaritum porta||[au]rum platea agnus lucerna choros eclesia cui inter divinas laudes omnes

operis ne||[cessi]tate seclusa sola erit requies sinceritas actionis multa sunt piissime praes||[ul in tri]bunali aliquibus junior in altario omnium prior multa sunt inquam operebus||[tuis] quibus nos actinus gracias debuisse dicamus ditati donis pauperis verbis||[per]cipimus magna pauca persolvimus ornasti eclesias tuas gazarum cum||[ulo nu]mmero populorum struxisti sumtibus quæ munerebus cumolaris altari||[a nun]quam quidem contulemus verba virtuti sed cum ad praesens psalmison||[o sole]mne perventum est parum puto si dicam verba nostra vicisti hodie insu||[per et op]era tua[1] quis enim ....rit interdum tabernacolis officiorum mutacione vac||[an]tebus illud glorios.. innovari quo semper christianus sonit semper Christus||abexit semper au....ur cæteris semper videatur exaudiens vos nunc hab||[itatu]rus hic ....
.... ||[sæ]coli labor ad spem perpetuæ quietis invitat quibus occupatis actione||[feli]ci omne peccandi tempus excludetur a quibus quicquam senistrum||....sisse laudabile est quod non delectat cæleste si nequeat mundum||[qui]dem fugetis sed orate pro mundo excluso a vobis sæcolo cujus actum||
.....................ctum vigelare vestrum cunctis invegelet quo||
.......................[ter no]bis institutione tali............||

Folio 8 recto.

[2] Gallia nostra floriscat orbis desiderit quod locus invexit incipiatur || hodie et divotioni æternitas dignitas regioni laudantibus in præsenti [sæco]||lo Deo laudaturis pariter in futuro renovit magis obitus quam terminet act[i]||onem recugnuscatis in cælo quam de hac tellore portabitis consuetudine[m]

1. Ce qui suit n'a pas été reproduit par le P. Sirmond.
2. Le texte de Sirmond reprend ici.

||præmiorum tantusque perseverantiam vestram honor sequatur ut qu[od] ||vobis in exercitio erit operis hoc solvatur in præmio pro retribucione mer[cedis]

FI[NIT]

N° II

A

Passage d'Aimoin de Fleury sur le *Chant perpétuel* (*De Gestis Francorum*, l. III, c. 80, dans Dom Bouquet, *Recueil des historiens des Gaules*, t. III, p. 106) :

« Guntrannus rex synodum XL episcoporum aggregari præcipiens, ut *ordo psallendi, qui in loco SS. Agaunensium* temporibus Sigismundo regis *ab Avito* et cæteris pontificibus illius temporis *institutus fuit*, in cænobio quod ipse fabricârat (S. Marcelli in suburbio Cabilonensi) teneretur, effecit. Qui videlicet ordo etiam ad sepulchrum S[ti] Martini antiquitus celebratus, necnon in monasterio S[i] Dionysii a Dagoberto rege agi præceptus, et à nobis cujusmodi esset exquisitus, taliter se habere est repertus : In diebus namque festivis sex antiphonæ binis psalmis explicabantur ; porro toto Augusto propter crebras festivitates manicationes fiebant (manicare autem mane surgere dicitur); in septembri vero septem antiphonæ canebantur, distributis unicuique binis psalmis ; in octobri octo cum ternis psalmis ; in novembri novem cum ternis itidem psalmis ; in decembri decem cum ternis similiter psalmis ; verùm in januario et februario, ut possibilitas sinebat ; hoc tamen observantes, ne minus à duodecim psalmorum quantitate ad vigilias dicerent nocturnas. Ad sextam tamen sex psalmi cum *Alleluia*, ad duodecimam duodecim, idque cum *Alleluia*, psallebantur. Sed de his ista sufficiant. »

Dans les *Grandes Chroniques de St-Denis*, qui reproduisent presque textuellement le récit d'Aimoin, la seconde partie de ce passage est remplacée par les mots suivants : « *Li ordres comme il est escrit en la riule pas ne le volons ci deviser, pour ce que il ne tornast à charge et à anui à ceulz qui n'ont pas mis leur cuers en tiex choses oïr.* » L. IV, c. 8.

En lisant le *Recueil des Conciles*, nous avons trouvé, dans le 18e canon du second concile de Tours, tenu en 567, le texte même qu'Aimoin donne comme le résumé de ses recherches sur l'organisation du *Chant perpétuel.* Mais ce texte ne se rapporte point à ce rite spécial ; il a pour objet de régler, dans les diverses églises du diocèse de Tours, y compris la basilique de St-Martin, ce qui concerne l'usage ordinaire de la psalmodie liturgique. Ceci explique pourquoi le passage d'Aimoin ne répond pas à ce qu'il semble promettre. Voici le texte du canon du concile de Tours ; on verra que le moine de Fleury a encore contribué à l'obscurcir en l'altérant :

« Itemque pro reverentiâ domini Martini, vel cultu ac virtute, id statuimus observandum, ut, tam in ipsâ basilicâ sanctâ, quam in ecclesiis nostris, iste *ordo psallendi* servetur : ut in diebus festis ad matutinum sex antiphonæ binis psalmis explicarentur; toto Augusto, manicationes fiant quia festivitates sunt et missæ sanctorum; septembri, septem antiphonæ explicentur binis psalmis; octobri, octo ternis psalmis; novembri, novem ternis psalmis; decembri, decem ternis psalmis; januario et februario itidem, usque ad Pascha. Sed, ut possibilitas habet, qui facit amplius pro se et qui minus, ut potuerit. Superest ut vel duodecim psalmi expediantur ad matutinum, quia Patrum statuta præceperunt ut ad sextam sex psalmi dicantur cum *Alleluia*, et ad duodecimam duodecim iterum cum *Alleluia*, quod etiam angelo nuntiante didicerant. Si ad duodecimam duodecim psalmi, cur ad matutinum non itemque vel duodecim explicentur? » (Labbe, *Concilia*, t. V, p. 857.)

B

Extrait de la règle donnée par saint Angilbert aux moines de St-Riquier, en ce qui concerne le *Chant perpétuel* (Acta Sanctorum Ordinis S[i] Benedicti, Sæc. IV, 1[a] pars, p. 47):

« Tractare cœpimus qualiter in Dei laudibus, in doctrinis diversis et canticis spiritualibus, Christo omnipotenti placere valeamus. Quapropter trecentos monachos in hoc sancto loco regulariter victuros auxiliante Deo constituimus.... Centum etiam pueros scholis erudiendos sub eodem habitu et victu statuimus, qui, Fratribus per tres choros divisis, in auxilium psallendi et canendi intersint.... Ea autem ratione ipsi chori tres in divinis laudibus personabunt, ut omnes horas canonicas in commune simul omnes decantent. Quibus decenter ex-

14

pletis, uniuscujusque chori tertia pars ecclesiam exeat et corporis necessitatibus vel aliis utilitatibus inserviat, certo temporis spatio interveniente, ad divinæ laudis munia celebranda denuo redeuntes....... Quin imo omnes unanimes *sacrificium laudis* Domino omnipotenti, pro salute gloriosi mei Domini Augusti Karoli, proque regni ejus stabilitate, *continuâ devotione jugiter exhibeant.* »

Extrait de la biographie de St. Angilbert sur le même sujet (ibid, p. 127) :

« Præ omnibus studuit ut divina laus et sanctorum memoria *absque ullo instertitio* in ecclesia Salvatoris indefesse haberetur : ad quod rite tenendum statuit tres semper esse choros...... Et omnes quidem horas canonicas tres chori unà semper concinebant : quibus finitis pars uniuscujusque chori persistebat suo loco psallens voce mediocri ; cæteri interea relaxabant usque ad præfinitum temporis spatium ; cumque hi se omnibus necessariis relevassent, adveniente hora redibant ad exercitium divinæ laudis ; et eodem numero quo isti redibant, alii ex eodem choro exibant.... Sic ad mensam, sic ad lectos, sic ad omnia omni tempore exibant, ut *indeficiens psalmodia* in ecclesia Salvatoris *omni tempore permaneret.* »

RESTITUTION

D'UN

MANUSCRIT DU SIXIEME SIÈCLE

MI-PARTI ENTRE PARIS ET GENEVE

contenant

DES LETTRES ET DES SERMONS DE SAINT AUGUSTIN

PAR

HENRI BORDIER

Membre du Conseil de la Société de l'histoire de France

Dans la *Notice*, placée en tête des présentes Etudes, M. Léopold Delisle suppose que le manuscrit de Paris n° 664[3] du fonds St-Germain latin[1] et le manuscrit donné par M. le professeur Ami Lullin à la Bibliothèque de Genève, tous deux écrits sur papyrus, au VIe siècle, en majuscules onciales, et contenant des œuvres de St. Augustin, sont les débris disjoints d'un seul et même volume. C'est une hypothèse qui avait été déjà présentée,[2] mais qu'on n'a jamais vérifiée. Nous nous proposons de procéder à cette vérification et de démontrer qu'en effet les deux manuscrits de Paris et de Genève ont été primitivement des parties d'un même volume et qu'ils n'en font encore à eux deux qu'une portion demeurant privée de plus d'un tiers du volume primitif.

Le manuscrit de Paris est formé d'une suite de cahiers composés chacun de quatre feuilles de papyrus pliées en deux et placées à l'intérieur d'une double feuille de parchemin pliée de même. Chaque cahier, par cette distribution, destinée à donner au fragile papyrus la protection d'une enveloppe de parchemin qui lui assurât une certaine solidité, consiste donc

1. N° 11641 d'un nouveau numérotage encore inachevé.

2. Elle se trouve pour la première fois nettement formulée dans les notes de sir Fréd. Madden sur la *Paléographie* de Silvestre (London, 1850, I, 287 de l'in-8) : « The Paris ms appears, from a comparison with the fac-simile given by Mabillon of the one at Geneva, to be so entirely identical therewith in all respects, as to lead to the supposition that both originally formed one and the same volume. »

en deux pages de parchemin d'abord, suivies de 16 pages de papyrus, suivies elles-mêmes de deux dernières pages de parchemin. Ces cahiers sont au nombre de huit, portant chacun leur n° d'ordre au bas du verso de la dernière page. L'unique[1] feuillet subsistant du premier cahier porte le n° IV et les autres portent les n°s suivants jusques et y compris XI. Il manque ainsi les trois premiers cahiers du volume qui, en effet, s'ouvre au milieu d'une phrase par les mots : *absente, meliora quem veriora lætus effundat.* En outre les huit cahiers subsistants, au lieu de contenir 80 feuillets comme cela fut à l'origine, n'en ont plus que 63 par suite des lacunes qui s'y sont produites.

Ce manuscrit de Paris est donc un commencement de volume. Celui de Genève, au contraire, est une fin. Comme tel, ce dernier a l'avantage de nous faire connaître quelque chose de la pensée de l'écrivain, en nous marquant d'une manière précise où il a voulu s'arrêter, mais il a l'inconvénient de se terminer par une quinzaine de feuillets les plus fatigués de tout le volume et quelques-uns presque en lambeaux. Il en compte en tout 53 disposés, comme nous venons de le voir pour la précédente partie, en cahiers de papyrus enveloppés d'un double feuillet de parchemin, mutilés de même ou plus encore par des lacunes, et formant en tout huit cahiers, dont cinq ont conservé leurs cotes qui sont XXIV, XXV, XXVI, XXVIII et XXIX. Le dernier cahier devrait, s'il était complet, porter la cote XXX.

1. Unique, sauf qu'il est précédé d'un coin déchiré appartenant à un feuillet antérieur et sur lequel il ne reste presque pas un mot entier.

L'identité des deux manuscrits, déjà présumable par suite de l'uniformité des cahiers composés (comme nous le démontrerons plus complétement tout à l'heure) dans tout le cours du volume de 8 feuillets de papyrus entre deux feuillets de parchemin, se déduit d'une manière plus précise de ce que le nombre de lignes contenu dans chaque page (28 à 31 lignes) est le même au commencement et à la fin, de ce que la hauteur et la largeur des feuillets est la même aussi (31 centimèt. sur 21), de ce que l'espace occupé par l'écriture remplit la même surface (25 cent. sur 16 à 18), de ce que les caractères de l'écriture sont de mêmes dimensions et surtout de même forme. Une seule écriture règne d'un bout à l'autre du volume[1] qui paraît être en entier d'une main unique.

Tout lecteur peut déjà se convaincre de cette similitude de l'écriture en comparant les divers fac-simile qui en ont été précédemment publiés. Il y a du manuscrit de Paris : 1° Quatre fragments gravés dans le *Nouveau traité de diplomatique des Bénédictins*[2] ; 2° huit fragments, dont quatre pages entières, dans les *Chartes et manuscrits sur papyrus de la Bibliothèque royale*, par M. Champollion-Figeac[3] ; 3° sept lignes des folio 8 v°, et 14 v°, publiées au n° 5, pl. II de la *Paléographie* de M. Nat. de Wailly (1838) ; 4° une page magnifique (le f° 62 v°) dans la

1. Excepté aux f° 7 v° et 8 r° qui, bien que de la même main que le reste, sont d'une écriture renversée et toute différente, ainsi que l'ont remarqué les Bénédictins. (*Nouveau traité de Dipl.*, I, 487, note.)

2. T. I, p. 487 et pl. III, savoir : 1° les onze dernières lignes du sermon CCCXCII au f° 37 v° du ms ; 2° les huit premières lignes du sermon XVIII, f° 38 r° ; 3° sept lignes de l'épitre XXIV, f° 7 v° ; 4° les neuf premières lignes du sermon XLV, f° 9 r°.

3. Paris, 1840, pl. XIII, XVI, XV-XV bis. Ce sont des fragments des f° 38 r°, 3 v°, 18 v°, 42 v° et les pages entières 9 r° et v°, 62 r° et v°.

Paléographie universelle de Silvestre ; 5° les trois premières lignes de la même page dans l'ouvrage intitulé *le Moyen âge et la Renaissance*, t. II. Pour le manuscrit de Genève, on en a une demi-page donnée en fac-simile par Mabillon dans sa *Diplomatique*[1] et cinq lignes (du f° 45 v°) publiées à Genève dans les *Œuvres* de Baulacre.[2]

Il paraît que dans toute son étendue le manuscrit était chargé de gloses marginales. Ainsi aux f° 5 v°, 6 v°, 7, 34, 38, 48, 52, 60 et autres du fragment parisien, existent de nombreuses notes qui sont d'une époque plus récente de deux ou trois siècles que celle où le volume fut écrit; puis aux f° 32 r° et 54 r° quelques mots d'une jolie écriture qui lui est tout à fait contemporaine. Les deux mêmes genres de notes, les deux mêmes écritures se retrouvent dans le fragment de Genève, l'ancienne au f° 3 r° et 4 v°, et celle qui l'est moins aux f° 10 r°, 25 v°, 28, 37 et 38 r°.

Enfin la partie ornementale des deux manuscrits concourt aussi à démontrer leur communauté d'exécution. La parité se continue dans la disposition des têtes de chapitre, dont les premières lignes sont en lettres capitales peintes de couleurs différentes, et surtout dans le dessin des initiales. En effet cinq têtes de chapitre du fragment de Paris[3] commencent par une

1. *De re diplom.*, p. 355, demi-page tirée du f° 8 v° du ms, plus une ligne du f° 12 v°.

2. *Œuvres histor. et litt. de Léonard Baulacre, bibliothéc. de la républ. de Genève* (1728-1756), pub. par Ed. Mallet, Genève, 1857, in-8, t. I, p. 73.

3. Aux f° 3 r°, 10 r°, 19 v°, 34 r°, 53 r°, qui sont tous en parchemin. Lorsqu'une tête de chapitre tombe sur un feuillet de papyrus, au lieu d'être dessinée finement et peinte, elle est seulement calligraphiée au calamus.

grande initiale du genre de celles qu'on a nommées ornithomorphes, c'est-à-dire figurant un ou deux oiseaux fantastiques et il s'en trouve une aussi dans le manuscrit de Genève, une seule, mais tellement semblable aux précédentes qu'elle suffit à démontrer qu'elle et les autres sont d'une seule main. C'est chose que le lecteur pourra d'ailleurs juger aisément lui-même par le fac-simile que nous mettons sous ses yeux à la fin de la présente notice.

Cette constatation faite, et les deux fragments du manuscrit ainsi réunis, comme ils doivent l'être, par la pensée, on peut se rendre compte de ce qu'était le volume dans son état primitif. Nous avons dit qu'il commence aujourd'hui par le dernier feuillet du cahier coté IV (plus un fragment antérieur) ; il lui manque donc en tête 38 feuillets, en sorte que le premier et le second d'à présent ne sont en réalité que le 39e et 40e. Les sept cahiers suivants qui forment les 61 autres feuillets de Paris ont dû primitivement être au nombre de septante, à dix par cahier. La lacune existant entre le fragment de Paris et celui de Genève représente douze cahiers (de XI à XXIV), soit 120 feuillets, et les huit cahiers de Genève en faisaient 76 ou 80, sans qu'on puisse préciser davantage à cause de l'état délabré de la fin du volume. Donc, en somme, le manuscrit primitif comptait 304 ou 308 feuillets, ce qui constituait, à cause de l'épaisseur du papyrus, un énorme codex.[1]

L'examen matériel auquel nous venons de nous livrer suffit

et au delà, croyons-nous, pour rendre évidente la communauté que nous prétendions établir entre les deux manuscrits dont il est question. Cependant jetons un coup d'œil aussi sur les textes qu'ils contiennent et démontrons, chemin faisant, un point que nous nous sommes contenté jusqu'ici d'alléguer, savoir que ces cahiers mixtes de papyrus et de parchemin se composaient bien tous de dix feuillets : deux de parchemin à l'extérieur et intérieurement huit de papyrus.

Notre manuscrit contient un recueil (très-incomplet) premièrement des épîtres de l'évêque d'Hippone et secondement de ses sermons. A cet égard il est disposé, en gros du moins, comme l'ont été ensuite les éditions imprimées ; mais il en diffère en ce que dans les meilleures de celles-ci (l'édition des Bénédictins et les suivantes) épîtres et sermons ont été soumis à une classification logique par matières qui n'était nullement celle des manuscrits. Les numéros d'ordre qui étaient placés dans ces derniers en tête de chaque pièce, et dont un certain nombre nous ont été conservés achèvent de démontrer par leur progression [1] la connexité des deux fragments. En même

1.

Ms.		f°						
Ms.	Paris	f° 3	v°	*epist.*	XXXI	porte le n° d'ordre		X
»	»	8	v°	»	XLII	»	»	XII
»	»	9	r°	»	XLV	»	»	(XI)II
»	»	10	r°	»	XCIV	»	»	XIIII
»	»	18	r°	»	CCLX	»	»	(XV?)
»	»	19	r°	»	CCLXI	»	»	XVII
»	»	38	r°	*sermo.*	XVIII	»	»	III
»	»	53	r°	»	LXXVII	»	»	V
»	»	62	v°	»	CXXVII	»	»	VI
Ms.	Genève	8	v°	»	XLI	»	»	XXIV
»	»	12	v°	»	XXXVIII	»	»	XXV
»	»	19	r°	»	CCCLVIII	»	»	XXVII
»	»	42	r°	»	CCCLXXIV	»	»	XXXII.

temps ils nous apprennent que notre manuscrit renfermait vraisemblablement 17 épîtres et 37 sermons. Les modernes éditeurs de saint Augustin ont rassemblé 396 de ces derniers et 270 des épîtres.

Le lecteur nous permettra de placer ici une analyse page par page de nos deux manuscrits, analyse destinée à lui mettre entre les mains comme une transcription du volume lui-même, ainsi qu'à donner à tout ce que nous en avons dit jusqu'ici et à ce qui nous en reste à dire encore, un caractère d'exactitude indispensable en une telle matière.

MANUSCRIT DE PARIS :

Cahiers I à III.

Les trois premiers cahiers, nous le répétons, manquent totalement.

Cahier IV.

(1) un fragment de parchemin; [1]
(2) un feuillet id. portant la cote IIII; } manquent huit feuillets de papyrus.

Du 4e cahier il ne reste qu'un feuillet entier qui, étant le dernier du cahier, porte au bas du verso la cote IV ; plus un fragment insignifiant déchiré du feuillet qui était le premier ; le tout en parchemin. Les feuillets de papyrus insérés entre deux ont tous disparu, mais nous pouvons savoir ce que contenaient les deux derniers d'entre eux. Le feuillet 2 commence au milieu d'une phrase, *absente meliora*, laquelle est vers le milieu du § 4 de la XXVIIe épître [2] de St. Augustin. La tête de cette épître forme dans l'imprimé [3] un total de 106 lignes ; et, comme

1. Les chiffres arabes entre parenthèses désignent les feuillets du manuscrit par leur pagination.

2. Pour citer les épîtres et les sermons de St. Augustin nous prenons la classification et les numéros de l'édition Bénédictine : *Paris*, Muguet, dix vol. in f°, 1689-1696 ; plus les t. XI et XII, *Anvers*, 1703.

3. L'édition des Bénédictins indiquée note précédente.

une page du manuscrit correspond à 22 ou 25 lignes de cet imprimé, il est aisé de calculer que la partie qui manque de l'épître XXVII remplissait un peu plus des deux feuillets de papyrus précédant celui qui nous reste.

Cahier V.

(3) un feuillet de parchemin ;
(4 à 9) six feuillets de papyrus; il en manque deux;
(10) un feuillet de parchemin avec la cote V.

Le texte de l'épître XXVII, qui s'arrêtait au bas du f°. 2 v° avec les mots : *sum ego maxime*, continue au f° 3 v° (*veritus ne ille*). L'épître se termine au v° du même feuillet. Là en commence une autre, la XXXIe, qui continue jusqu'à la fin du f° 6 où elle s'arrête aux mots : *si tantum nolitis latere* ; ceux qui suivent, au f° 7 r°, (*ut per sanctitatem*) appartiennent au § 2 de l'épître XXIV. Il manque donc entre les feuillets 6 et 7 la fin d'une épître et le commencement d'une autre. Or l'imprimé nous montre que la première lacune comprenait 48 lignes et la seconde 40, c'est-à-dire précisément les deux feuillets que le cahier compte en moins. En effet l'épître XXIV s'achève au v° du f° 8 ; les épîtres XLII (8 r°-9 r°) et XLV (9 r°-10 r°) qui suivent sont complètes ; puis au f° 10 v° commence l'épître XCIV, sans qu'il y ait en tout cela nulle lacune nouvelle.

On voit donc clairement que le cinquième cahier se composait originairement de dix feuillets, huit feuilles de papyrus entre deux de parchemin. La description des cahiers qui suivent donnera constamment le même résultat.

Cahier VI.

(11) feuillet de parchemin;
(12 à 18) sept feuillets de papyrus; il en manque un;
(19) feuillet de parchemin avec la cote VI.

L'épître XCIV, commencée au f° précédent, continue jusqu'au f° 15 v° où elle s'arrête avec les mots : *in litteris exigendis*, 8 lignes avant l'endroit où elle devait finir.

Il y a donc à cet endroit une lacune ; et, en effet, les feuillets 16, 17 et 18 sont remplis par la fin d'une lettre dont le commencement occupait une partie du recto d'un feuillet de papyrus qui manque et le verso tout entier.

Cette lettre, privée de tête et qui s'arrête au v° du f° 18, ne nous paraît se retrouver nulle part dans les œuvres jusqu'ici publiées de saint Augustin. Nous donnerons plus loin ce morceau.

Cahier VII.

(20) feuillet de parchemin ;
(21 à 24) quatre feuillets de papyrus ; il en manque quatre ;
(25) feuillet de parchemin coté VII.

L'épître CCLXI, commencée au f° 19 r°, occupe le folio 20 r° et v° jusqu'aux mots : *talium aliquando*, qui ne précèdent que de 10 lignes la fin de la lettre. Ces 10 lignes manquent, ainsi que les 21 premières du sermon CCCLI qui vient ensuite ; mais 31 lignes n'étant pas assez pour remplir même un seul feuillet, nous devons supposer que la lacune en cet endroit comprenait une autre pièce qui nous échappe entièrement. En effet le sermon CCCLXI était le second du recueil, puisque celui qui vient après (XVIII) porte III pour n° d'ordre [1] ; il nous manque donc le premier sermon du recueil, et si l'on ajoute à cela que probablement le scribe entrait en matière dans cette seconde partie avec un certain apparat d'ornements, ou au moins de place perdue, on retrouvera bien aisément l'emploi des deux feuillets qui manquent ici. Le sermon CCCLI continue jusqu'à la fin du cahier, sauf qu'entre les f° 24 et 25 se trouve une lacune de 88 lignes de l'imprimé, depuis les mots : *in hac nocte inquid*, jusqu'au mot : *luxura* (§§ 4 et 5 du sermon), ce qui constitue un déficit de deux autres feuillets de papyrus.

Cahier VIII.

(26) feuillet de parchemin ;
(27 à 32) six feuillets de papyrus ; il en manque deux ;
(33) feuillet de parchemin coté VIII.

Le sermon CCCLI continue dans tout le cours de ce cahier, mais avec deux lacunes : l'une de 50 lignes entre les f° 26 et 27, c'est-à-dire d'un feuillet, comprenant la fin du § 6 et le commencement du § 7 du sermon (depuis : *cum vero utrumque*, jusqu'à : *accedunt vero ignorantes*) ; l'autre entre les f° 32 et 33 comprenant de même 50 lignes, soit un feuillet (§§ 11-12, de : *adtende apostolos*, à : *signaculum justitiæ*).

Cahier IX.

(34) feuillet de parchemin ;
(35 à 42) huit feuillets de papyrus, au complet ;
(43) feuillet de parchemin coté VIIII.

Au f° 34 r° finit le sermon CCCLI et commence le sermon CCCXCII ; celui-ci

1. Voy. ci-dessus p. 114, note.

finit au f° 38 r° où reprend, jusqu'au f° 42 r°, le sermon XVIII, suivi à son tour du sermon LXXXVII. Toutes ces pièces sont complètes et le texte du cahier n'offre point de lacune.

Cahier X.

(44) feuillet de parchemin;
(45 à 52) huit feuillets de papyrus, au complet;
(53) feuillet de parchemin coté X.

Il n'y a point de lacune non plus dans le texte de ce cahier qui contient la suite du sermon LXXXVII et au f° 53 r° les premières lignes du sermon LXXVII.

Cahier XI.

(54) feuillet de parchemin;
(55 à 62) huit feuillets de papyrus, au complet;
(63) feuillet de parchemin coté XI.

Suite du sermon LXXVII jusqu'au f° 62 v° où commence le sermon CXXVII. Le manuscrit s'arrêtant aux mots : *sic pro illa laborare* (§ 2, chap. 2), après lesquels le sermon CXXVII continue encore pendant 380 lignes de l'imprimé, on voit que ce dernier occupait de plus les sept premiers feuillets du cahier XII.

Cahiers XII à XXIII perdus.

MANUSCRIT DE GENEVE.

Cahier XXIV.

(1) feuillet de parchemin;
(2) un seul feuillet de papyrus; il en manque sept;
(3) un feuillet de parchemin coté XXIIII.

Le manuscrit de Genève commence f° 1 par les mots : *quem invenisti*, au milieu du § 4 du sermon CCLXXIX. Le même sermon continue jusqu'au bas du v° suivant où il s'arrête aux mots : *humilia te*, à la fin du § 6. — Le f° 2 r° commence par les mots : *in his duobus*, au § 3 du sermon CCLXXXVIII et continue sans interruption sur les pages suivantes jusqu'à la fin du f° 4 v°.

Il n'y a donc de lacune dans le 24e cahier qu'entre les f° 1 et 2. Or, après les mots : *humilia te*, le sermon CCLXXIX compte encore, pour se terminer, 120 lignes, ce qui répond à deux feuillets du manuscrit; et la tête du sermon CCLXXXVIII comprenait 133 lignes qui devaient faire un peu plus de deux autres feuillets, soit cinq pages. Nous ne retrouvons donc pour cette lacune du cahier 24 que quatre des feuillets manquants, et nous devons croire qu'entre les deux sermons dont nous venons de parler, il en existait un troisième, remplissant environ trois feuillets de papyrus et dont il ne subsiste aucune autre trace qu'une languette sur laquelle sont restées quelques lettres éparses.

Cahier XXIV bis.

(4) feuillet de parchemin;
(5 à 9) cinq feuillets de papyrus; il en manque trois, plus un quatrième dont le f° 9 tient indûment la place;
(10) feuillet de parchemin portant au dos une cote XXIV grattée, probablement par le scribe qui s'est aperçu que c'était une répétition faite par erreur.

Le f° 4 tout entier est, comme nous l'avons vu, la continuation du sermon CCLXXXVIII. Il y manque, à la fin, 28 lignes qui remplissaient la première page d'un feuillet de papyrus placé après le f° 4 actuel.

Le f° 5 r° commençant par les mots : *verbi gratia,* tombe au milieu du premier § du sermon XXI dont la tête contient 32 lignes de l'imprimé, c'est-à-dire une page du manuscrit. Il est probable que cette page formait le v° du feuillet manquant dont nous venons de parler.

Le f° 5 v° s'arrête aux mots : *habes quidquid,* à la fin du second § du sermon XXI et le feuillet suivant commence aux mots : *quas ambas intueor,* vers la fin du § 4. Entre ces deux passages se trouve une lacune de 63 lignes de l'imprimé, c'est-à-dire précisément la place d'un feuillet.

Le f° 6 r° et la suite continuent le sermon XXI jusqu'à la fin de sa dernière phrase : *actio redemptoris amen,* qui tombe vers le milieu du f° 8 r° du manuscrit, sauf qu'entre 7 v° et 8 r° (c'est-à-dire entre : *in caretate,* et : *in domino*) il existe une lacune de 65 lignes, soit un feuillet; ce qui complète le compte de trois feuillets manquants dans le présent cahier.

Le sermon placé dans le manuscrit après le XXIe et commençant sur le r° du f° 8 est le XLIe. Il continue jusqu'au bas du verso (*et amicus mihi*); mais le f° 9 est tout autre chose, et c'est au f° 10 que XLI reprend par les mots : *vides ergo altius.* Comme entre *mihi* et *vides* l'imprimé donne 62 lignes, il est certain qu'il y avait entre 8 et 10 un feuillet qui manque aujourd'hui et au lieu duquel on a rapporté le f° 9 dont la place est plus loin.

Cahier XXV.

(11) feuillet de parchemin;
(12 à 15) quatre feuillets de papyrus; il en manque quatre;
(16) feuillet de parchemin coté XXV.

Les f° 10, 11 et 12 contiennent la suite et la fin du sermon XLI, sauf une lacune de 57 lignes de l'imprimé entre la fin du f° 11 (*temporalia ferebat*) et le commencement du f° 12 (*divitias non rapinam*), lacune qui indique un feuillet de papyrus manquant en cet endroit.

Après le XLIe sermon vient le XXXVIIIe, au v° du f° 12. Il continue au f° 13 jusqu'au bas du verso, où il s'arrête aux mots : *Johannes etiam*, vers la fin du § 3. De là jusqu'aux premiers mots du f° 14 r° : *Si vis ad vitam ingredi*, se présente une lacune d'environ 120 lignes de l'imprimé, c'est-à-dire de deux feuillets entiers du manuscrit, mais le second seul est perdu ; l'autre est ce neuvième feuillet que nous avons trouvé de trop dans le cahier précédent.

Les feuillets 14 et 15 contiennent la suite du sermon XXXVIII jusqu'à : *prædixit et ostendit*. La fin de ce sermon, comprenant 33 lignes, occupait le recto du quatrième feuillet de papyrus en déficit dans le présent cahier, tandis que le verso était rempli par 23 lignes qui manquent en tête du sermon suivant, le XXe.

Le f° 16 r° et v° contient la suite du sermon XX jusque vers le milieu du second § (*tu ignosce*).

Cahier XXVI.

(17) feuillet de parchemin ;
(18 à 24) sept feuillets de papyrus ; il en manque un ;
(25) feuillet de parchemin coté XXVI.

Le sermon XX poursuit sans être interrompu jusqu'à ce qu'il se termine au f° 19 v°. Vient ensuite le sermon CCCLVIII qui se déroule de même, sans lacune, jusqu'au bas du f° 22 v°, aux mots : *Deum timetis*, après lesquels il reste encore 26 lignes pour que le sermon soit achevé. Ces 26 lignes, ajoutées à un nombre de lignes à peu près égal qui manquent aussi en tête du sermon suivant, le XCIX[e], constituent le feuillet unique de papyrus qui manque à notre cahier XXVI.

Au f° 23 r° commence (*Quia ergo tetigit*) ce qui reste du sermon XCIX et le dit sermon continue sans interruption jusqu'au bas du f° 26 v° où il s'arrête avec les mots : *sedere noluistis*.

Cahier XXVII.

(26) un feuillet de parchemin ;
(27) un feuillet de papyrus ; il manque sept feuillets de papyrus et un de parchemin qui contenait au bas du verso la cote XXVII.

On vient de voir ce qu'était le f° 26 qui continuait le sermon XCIX sans en atteindre la fin. Comme cette fin n'existe pas sur le f° 27 qui est tout autre chose, c'est qu'elle manque ; or elle remplit 147 lignes de l'imprimé, soit 5 pages du manuscrit. Il faut donc compter ici entre les f° 26 et 27 deux feuillets et demi de papyrus absents.

Le f° 27, lequel est relié la tête en bas dans le volume, contient un fragment du sermon CCCLIX, savoir la fin du § 3 et le commencement du § 4 (*quid peremptionem — litigando amittitur*). Le commencement qui manque à ce même sermon CCCLIX comprend 165 lignes de l'imprimé, c'est-à-dire qu'il occupait plus de trois feuillets du manuscrit.

Les f° 28 et suivants contiennent la fin du sermon CCCLIX, mais avec une lacune de 47 lignes en remontant depuis les premiers mots du f° 28 : *in remissionem peccatorum*, jusqu'à : *litigando amittitur ;* c'est-à-dire qu'entre 27 et 28 il y a un feuillet perdu, lequel était celui en parchemin portant au dos la cote XXVII ; et en effet on voit encore dans le volume, à cet endroit, un talon de parchemin qui vraisemblablement en provient.

Mais, en somme, nous ne trouvons pour ce cahier que deux feuillets présents et sept absents ; il manquerait, pour faire le nombre de dix que chaque cahier devait contenir, un des feuillets de papyrus. Peut-être le cahier XXVII en avait-il un de moins que les autres par suite de quelque accident. On ne saurait ici supposer qu'il y aurait eu un sermon intermédiaire dont la trace ait disparu ; le numéro d'ordre que portait chaque sermon dans le manuscrit et qui s'est conservé en tête de plusieurs d'entre eux ne le permet pas : le sermon auquel les Bénédictins ont donné le n° CCCLVIII porte dans le manuscrit le n° XXVII ; les sermons XCIX et CCCLIX, qui suivent, ont perdu par les mutilations du papyrus ceux qu'ils avaient reçus, mais ce devait être XXVIII et XXIX, car le sermon LXXXI, qui vient ensuite comme on va le voir, est numéroté XXX.

Cahier XXVIII.

(28) un feuillet de parchemin ;
(29 à 36) huit feuillets de papyrus ;
(37) un feuillet de parchemin coté **XXVIII**.

Ce cahier est au complet. Il contient d'abord la fin du sermon CCCLIX qui s'arrête au bas du f° 31 v°, et, à partir du f° 32 r°, le sermon LXXXI qui se poursuit sans interruption jusqu'au f° 39 v° où il se termine.

Cahier XXIX.

(38) un feuillet de parchemin ;
(39 à 46) huit feuillets de papyrus ;
(47) un feuillet de parchemin coté **XXIX** ; point des lacunes.

16

On vient de voir ce que contiennent les folio 38 et 39. Au bas du f° 39 v° se trouve le sermon CXCIV qui commençait par les mots : *Audite filii lucis*, et portait son n° d'ordre, sans doute XXXI ; mais ce n° a disparu. Le sermon se poursuit sans lacune jusqu'au f° 41 v° où il finit. Avec le f° 42 r° commence un nouveau sermon, le CCCLXXIVe, portant le n° d'ordre XXXII et complet comme le précédent. Il occupe jusqu'au haut du f° 44 v°.

Cahier XXX.

(48) un feuillet de parchemin ;
(49 à 52) quatre feuillets de papyrus ;
(53) un feuillet de parchemin coupé par le bas, et qui devait porter la cote XXX.

Depuis le f° 44 v° jusqu'à la fin du volume les feuillets de plus en plus mutilés qui nous restent à examiner acquièrent un intérêt nouveau. Ils nous paraissent, en effet, contenir des pièces demeurées inédites, et leur dégradation même expliquerait comment ils auraient été jusqu'ici négligés par les éditeurs.

Les sermons de St. Augustin, qui sont en si grand nombre, n'ont pas été trouvés et recueillis tout d'un coup. L'édition bénédictine en fournit 394 comme étant certainement de l'évêque d'Hippone, plus 317 qui lui sont attribués avec plus ou moins de raison. Or, sur cette quantité, près de 150 ont été découverts seulement au XVIIe siècle, soit par le P. Sirmond, soit par Jérôme Vignier, soit par les auteurs de l'édition bénédictine, soit par quelques autres érudits tels que Godefroy Hermant et Luc Holstein. Aussi le savant jésuite Jacques Sirmond, qui en avait apporté 42 pour sa part, commence-t-il en les publiant par dire que ceux qui connaissent la multitude des sermons de St. Augustin ne s'étonneront pas des découvertes nouvelles qui peuvent se faire en ce genre.[1] La collection des lettres est aussi un résultat de formation successive ; les lettres XLII et XLV de l'édition bénédictine y ont été publiées pour la première fois et tirées précisément du manuscrit de Saint-Germain.

Il est probable que le P. Sirmond a, sinon tenu entre ses mains le manuscrit de Genève, qui de son temps était encore en France, du moins travaillé sur une copie qui lui en avait été fournie. En effet, sur douze sermons que contiennent les 44 premiers feuillets de ce manuscrit, il y en a sept qui n'avaient pas encore été publiés lorsque Sirmond fit son travail ; or ces derniers se trouvent tous les sept dans son édition. De plus il cite sans aucun détail, il est vrai, « un vieux manuscrit en écorce d'arbre mutilé et sans commencement,[2] » comme lui ayant servi. Il dit expressément en avoir tiré, quoique incomplets, ses sermons 3, 5 et 37. Or ces deux derniers figurent en effet dans le manuscrit de Genève (ce sont les sermons XXI et CCCLIX) et tous deux incomplets en effet, comme on l'a vu plus haut. Quant au premier, nous ne l'y trouvons pas, mais il peut y avoir été lorsque Sirmond fit son travail, en 1631, et s'être perdu depuis.

Cette circonstance que le P. Sirmond a vraisemblablement

1. Sancti Augustini sermones qui hactenus latuerint reperiri novos posse non mirabitur qui ab Augustino ipso, à Possidio, a Victore Uticensi et aliis infinitam ejus tractatuum homiliarumque multitudinem prædicari meminerit. (*Sirmondi opera varia*. Paris, 1696 ; t. I, p. 330-343 ; *præf.*)

2. In his quos damus ut Augustini ... confirmavit vetustissimi et probatissimi exemplaris in cortice scripti auctoritas (*Ibid*). — Quæ desiderabantur in exemplari scripto in cortice quod mutilum et acephalum erat, omnia supplevimus ex Victorino. (*In serm. III.*)

vu les fragments qui nous paraissent inédits et qui remplissent les dix derniers feuillets du manuscrit de Genève, mais qu'il les a négligés comme trop mutilés, n'est pas propre à relever la publication que nous en allons faire; mais chacun sait qu'on se contente fort bien aujourd'hui des glanures que nous ont laissées d'illustres prédécesseurs.

Voici donc l'analyse d'abord, et, à la suite, le texte même des pages de notre manuscrit qui nous ont paru être restées jusqu'ici inédites. Nous ne les donnons cependant comme telles que sous toutes réserves, sachant par expérience combien il est dangereux aujourd'hui d'affirmer qu'une pièce, quelle qu'elle soit, n'est imprimée nulle part.

La première de celles dont nous voulons parler est cette épître sans commencement que nous avons signalée ci-dessus (p. 116); c'est moins une lettre qu'une remontrance violente adressée à quelque Donatiste, auquel l'évêque d'Hippone reproche surtout le baptême nouveau que donnent à leurs adhérents les sectateurs de l'hérésiarque Donat.

Nos morceaux de sermons inédits commencent par les 23 premières lignes d'un sermon sur l'Epiphanie, sujet traité six fois dans le recueil des sermons authentiques et neuf fois dans celui des sermons simplement attribués à St. Augustin. Le même sujet est cependant repris ici pour la seizième fois, d'une manière qui ne rappelle aucune des quinze précédentes, sauf une grande ressemblance dans les premières lignes avec le sermon CCCLXXI.

Vient ensuite (f° 45 r° et v°) la fin d'un sermon, qui roule comme celle (§ 5) du sermon CCXL sur le mot de St. Paul: « Dieu n'a-t-il pas fait voir que la sagesse de ce monde n'est qu'une folie ? » (I Cor. I, 20.)

Au f° 45 v° commence, mais sans finir, un sermon sur les paroles de l'Evangile: « Aimez vos ennemis ». Ce sermon remplit les neuf dernières lignes de la page, après lesquelles, sautant par-dessus les feuillets 46 à 49, il continue f° 50 et 51, qu'il remplit en entier. Les lacunes qui s'y trouvent d'un bout à l'autre presque à chaque ligne, à partir de la dixième, nous empêchent d'en suivre le sens.

Retournant au f° 46 r°, on y trouve une fin de sermon, où St. Augustin paraphrase le chapitre XVIIe de l'Exode sur les combats de Moïse contre Amalech, et qui s'arrête au haut de la page suivante, 46 v°.

Depuis le haut du f° suivant (46 v°), jusqu'au haut de 48 v°, nous avons quatre pages qui se suivent sans interruption, qui ne sont pas trop entrecoupées de lacunes et qui forment un sermon bien entier dans lequel l'évêque d'Hippone rappelle d'abord à ses auditeurs l'inévitable jugement qui les attend, puis la parabole de deux hommes dans un champ et de deux femmes au moulin dont l'un sera pris, l'autre laissé, et il continue à développer ce passage de S. Mathieu (XXIV, 36 à 41), à l'aide de diverses paroles évangéliques, dans les termes ordinaires de ces vagues exhortations chrétiennes qui ne l'emportent pas de beaucoup sur la rhétorique banale des orateurs païens de la décadence.

Les trois pages suivantes (f° 48 v° à 49 v°) renferment le commencement d'un sermon extrêmement mutilé sur la foi chrétienne et sur la pureté de cœur. Enfin les derniers feuillets (51 à 53), mêlés de fragments de papyrus entièrement détachés et tombant en lambeaux, ne nous donnent plus que des phrases informes, dont nous avons cependant recueilli tout ce que nous avons pu lire.

Le dernier feuillet (53), qui est en parchemin et ne contient comme appartenant encore aux sermons de St. Augustin que quatre lignes écrites sur le haut du recto, a été employé par un ou plusieurs scribes à divers essais d'écriture qui remplissent les parties du feuillet restées en blanc. Il convient d'en dire un mot.

D'abord après la phrase finale du texte on lit en belle cursive mérovingienne : *Explicit feliciter*, et, immédiatement au-dessous, les premiers caractères d'un alphabet tironien écrits sur une ligne horizontale, puis répétés un peu plus bas sur une ligne verticale.

Après ces caractères viennent trois lignes d'une citation biblique en onciale comme le corps du volume, puis les mots : *Rex francorum*, en cursive. Le verso est rempli d'essais de grandes initiales dessinées à la plume et parmi lesquelles on trouve quelques lignes du commencement des psaumes, puis la signature suivante : *In dei nomen ualderichus rogitus scripsit et subscripsit*, tout à fait semblable par son écriture, et par la ruche qui l'achève, aux signatures qu'on trouve au bas des diplômes français de la première race. Mais, malgré la physionomie toute mérovingienne de ce Valderichus, nous n'avons pu rencontrer le même nom ailleurs.

Quant au texte même du manuscrit que nous venons de décrire, il n'offre rien de remarquable. Par endroits il donne d'un peu meilleures leçons et par endroits de pires, surtout vers la fin, que les éditions imprimées;[1] mais ces différences sont légères et de minime importance. L'intervention d'un correcteur contemporain du scribe, qui a changé quelques mots et fait une ponctuation, ne change rien au fond. Ce sont donc les pages que nous croyons inédites qui seules peuvent exciter l'intérêt du lecteur. Nous ne les présentons comme telles, il faut le répéter, que sous de justes réserves.

EX EPISTOLIS.

Fol. 16, recto.

....Dic mihi, heretice, schismatice, qui dixit in Genesi[2]: *Producant aquæ reptilia animarum vivarum; productæ sunt omnes aves viventes et volantes de utero aquarum*, nisi ille qui dixit[3] : *Ite, baptizate gentes in nomine patris et filii et spiritus sancti?* Una vox est: *Producant aquæ reptilia animarum vivarum*, et : *Ite, baptizate gentes*. Ideo quoniam ipsa vox est in a-

1. Par exemple : ms. Paris, f° 2 v° à la fin du § 4, ép. XXXI, *agi vel* dans le ms. au lieu de *agi velle* qu'a mis un correcteur contemporain et qui est la bonne leçon. — Ibid. § 5, *de illo bene cogitat*, au lieu de *benigne*. A la fin de la lettre XXVII le ms. meilleur en cela que les imprimés porte *beatitatem*, mis avec intention par l'auteur, comme dans la lettre XXXI fin du § 2, au lieu de *beatitudinem*. — Lettre XCIV, § 7, *gentium vocibus*, au lieu de *agentium*. — Ms. Genev. sermo CCLXXXVIII, § 3, *quam multas voces faceret personarum mutationes* dans le ms., au lieu de *personarum mutatione*, etc.

2. Gen. I, 20. — 3. Matth. XXVIII, 19.

quis, quando homines renati ad cælum velut aves volantes de aquis spiritalibus producuntur, spiritus utique sanctus in speciem columbæ dignatus est descendere super aquas et super auctorem baptismi [1]. Unita pietate manere aves, ut intellegas esse cælorum qui renascuntur per aquam et spiritum sanctum nisi semel ante quando diluvium passus est mundus. Da mihi secundum diluvium. Una columba, unus ramus, unum baptisma, unus spiritus, unum chrismatis sacramentum. Accusat te illa columba. Una contecta gestat orto rami frondentis (?). Emissa est iterum de arca et alterum ramum non reportavit, quia suffecit ei quod unum semel sub uno sacramento vectavit.

Folio 16, verso.

(L)abia columbæ tenentis ramum tamquam duo sunt testamenta fronduosa, tenentia chrismatis Christi mysterium. Et tibi, heretice, leve est multos diluvios iterare ubi neminem sanum facias remanere; Dominus vel octo animas in diluvio servavit inlæsas, tu, in secundo diluvio inliciti baptismi, omnes animas perdis male demersas, quas Christus semel lavavit ablutas. Tunc Dominus dixit, ne diluvium iterandum speraretur esse ab hominibus: *Jam non faciam diluvium super terram, arcum meum ponam in nubibus.* [2] Vidisti arcum in nubibus; intelege non futurum esse diluvium. Audisti vocem Christi tanquam arcum in nubibus extendentis, id est altissimum judicium definientis, et dicentis quia qui semel lotus est non habet necessitatem lavandi [3]. Noli iterare diluvium quia alterum non potest inveniri Spiritum sanctum; et video, super Patrem et Filium et Spiri-

1. Matth. III, 16. — 2. Gen. IX, 13. — 3. Joan. XIII, 10.

tum sanctum, aut quartum te jactare conaris, aut primum, ut dicas quia ubi tu non es nemo baptisatus est. Interest Pater, interest Filius, interest Spiritus sanctus, quia non potest nisi in Trinitate

Folio 17, recto.

quod præceptum est celebrari; et tu dicis, non esse rectum quia non fui præsens; ergo Deus non est præsens ubi tu es absens. De Domino dictum est : *Lavabit Dominus sordes filiorum et filiarum Sion.*[1] Ad Dominum dictum est : *Lavabis me et super nivem dealbabor.*[2] Non dixit lavat me ille et ille, sed tu me lavabis quia et sacerdotes et populi ab uno lavantur, et sacerdos et populi ab uno lavantur et sacerdos quod accepit exhibet sacramentum. Pater interest et non tibi sufficit. Filius interest et non tibi sufficit. Spiritus sanctus interest et adhuc tibi non sufficit. Sufficit illis quos baptizavit Paulus. Paulus autem dicebat quando sacramentum tradebat : *Numquid in nomine Pauli baptizati estis?*[3] Tu forsitan de nomine Pauli accipiens occasionem, dicturus es quia et Paulus baptizavit post beatum Johannem. Inutile est istud argumentum. Non tibi patrocinatur. Dic mihi qui erat sanctior, Johannes aut Paulus? Ego utrumque profiteor; tamen Paulum non possum dicere Johanne esse fortiorem. Testis est Christus qui ait : *Nemo surrexit in natis*

Folio 17, verso.

mulierum major Johanne baptista.[4] Ergo quomodo dicis baptizasse post Johannem, quasi sanctum post peccatorem, cum neminem dixerit Dominus Johanne esse fortiorem? Noli te

1. Isai. IV, 4. — 2. Psal. 4, 9. — 3. 1 Cor. I, 13. — 4. Matth. XI, 11.

gravando juvare et videaris quasi recte facere dum beato Paulo calumniam videaris inrogare. Invenit sanctus Paulus XII viros et interrogavit eos si accepissent spiritum sanctum. Illi dixerunt : Nescimus, nec nomen spiritus sancti aliquando audivimus. Et ait Paulus : In quo ergo baptismate baptizati estis? Responderunt : Baptisma Johannis. Et baptizavit eos.[1] Baptismum Christi non rebaptizavit quia illud primum servile erat, hoc dominicum est baptismum. Johannes baptismum suum habebat. Paulus baptismum Christi habebat, non suum[2]. Non Johannis, sed baptismum Christi transiit illa præcursio baptismi pœnitentiæ quia ipse clamabat : *Ego vos baptizo in pœnitentiam, qui autem venit post me ipse vos baptizabit in spiritu sancto.* Nam post Judam traditorem nemo baptizavit quia baptismum habebat salvatoris. Ergo eos Paulus, ut acciperent spiritum sanctum, in baptismo Christi

Folio 18, recto.

lavabat ; et tu, confitentem tibi et dicentem : Baptizatus sum in nomine patris et filii et spiritus sancti, iterum lavare contendis, quia tu ubi non fuisti non est plenum sacramentum trinitatis ! Ibi eras quando dixit filius Dei discipulis suis : *Ite, baptizate gentes in nomine Patris et Filii et Spiritus sancti?* Usque ad tempus tuum recentissimum et sordedissimum, inane fuit Trinitatis vocabulum ut plus valuerit tua separatio quam Trinitatis unita conjunctio? Sed ego justus sum, inquis, et vos peccatores. Filius utique malus seipsum justificat, exitum autem suum non abluet, sicut tu, qui justificas te et sine te vacuas Trinitatem. Quanti falsi prophetæ

1. Act. XIX, 1-5. — 2. Cf. Epist. XLIV, § 10.

et sacerdotes iniqui in lege veteris testamenti circumdebant filios israhel ; et secundam, non legis circumcisionem, tu vis congregare voraginem, ut te justum asseras operatorem, et non ipsum qui totam perficit Trinitatem. Semel est congregatum mare in unam congregationem [1], semel aquæ animam vivam protulerunt, semel mare patres nostri in typo baptismi transierunt. [2] Cave ergo tantos patri-

Folio 18, verso.

archas et prophetas, cave unum Patrem, unum Filium et unum Spiritum sanctum, qui unus Deus vivens in sæcula sæculorum. [3]

EX SERMONIBUS

Folio 44, verso.

....luceat invidis veritas. Explicit
....IA DE EPEPHANIA
(HO)DIE VERVS SOL
hortus est mundo [4] ; hodie in tene-(br)is sæculi lumen egressum est. Deus fac-(tu)s est homo, ut homo deus fieret. Formam (se)rvi dominus accepit, ut servus verteretur (in) dominum. Cælorum habitator et conditor (h)abitavit in terris, ut homo colonus ter-(renus) migraret ad cœlum. O dies omnis o-

1. Gen. I, 9-10. — 2. 1 Cor. X, 1-2.

3. Le texte de cette lettre offre des rapports avec le cinquième Traité des : *in Evangelium Johannis Tractatus* XXIV, T. III, col 189, ed. Bén.

4. Ce commencement ressemble beaucoup à celui du sermon CCCLXXI : *Natus est nobis hodie Salvator et ideo hodie omni mundo sol verus exortus est. Deus homo factus est ut homo Deus fieret, et ut servus in dominum verteretur, formam servi Dominus accepit. Habitavit in terris habitator cælorum ut homo habitator terræ habitaret in cœlis. Natus est ergo nobis Salvator....* La suite n'offre plus la même similitude.

(mnium?) lucidior! O tempus cunctis sæculis ex-(p)ectatius! Quod præstulabantur an-(g)eli, quod Seraphin et Cherubin, cælo-(r)um ministeria, nesciebant, hoc in nos-(t)ro tempore revelatum est; quod illi vide-(r)ant per speculum et per imaginem, nos (ce)rnimus in veritate. Qui loquebatur is-(r)ahelitico populo per esaiam, hieremiam, (et) ceteros prophetas, nunc nobis per (fi)lium loquitur. Videte quid sit inter ve-(tu)s testamentum et novum.[1] In illo loque-(ba)tur per nubilium, nobis loquitur per (ter?)renum. Ibi Deus videbatur in rubo; hic (v)irgine Deus nascitur. Ibi ignis erat po-puli peccata consumens, h(ic) homo est

Folio 45, recto.

vel rutundo vulneri rotundum
oblongo ligaturamque ipsam n(on in mem)-
bris omnibus sed similem simili
Sic sapientia Dei hominem cura
exhibuit ad sanandum ips
medicina. Quia ergo per superbi(am)
lapsus est, humilitatem adhibu(it.)
Dum serpentis sapientia detecti
stultitia liberamur quemadmod(um)
illa sapientia vocabatur. Erat aut(em stul)-
titia contemnentibus deum; sic ista (voca)-
tur stultitia; sapientia est vincen(s dia)-

1. Cf. un autre parallèle entre l'Ancien et le Nouveau Testament, *Serm.* IV, § 9.

bulum. Nos immortalitatem male ve . . . . .
ut moreremur, Christus mortalitatem be . . . .
est ut viveremus; corrupto animo fa . . . . .
ingressus est morbus, integro corp . . . .
minæ processit salus; ad eandem . . . .
ria pertinent quod etiam exemplú . . . .
tum ejus vitia nostra curantur ja . . . .
similia quasi ligamenta membris et (vul)-
neribus nostris adhibita illa sunt c . . . . . .
Per feminam natus homo homines mo(rta)-
les morte mortuos liberavit; jam ve . . . . . .
dita Domini a mortuis resurrectio et in c(ælum)
ascencio magna spe fulsit nostram fid(uciam,)
multum enim ostendit quam volunta . . . . . .
pro nobis animam posuerit qui eam sic (posu)
it ut potestate resumeret. Quanta ergo s . . . .
ducia . . . . seredentium[1] consolator. C(on)
sidera(ns) quantus quanta pro nondu . . . . . .
dent

Folio 45, verso.

. . . . vero judex vivorum atque . . .
. . . . pectatore cælo magnum timo(rem)
. . . . . . (n)eglegentibus ut se a diligenti(bus)
. . . . cumque magis bene agendo . . . . .
. . . . quam male agendo formident
. . . . nem verbis dici aut qua cogitatio
. . . . est præmium quod ille in fine da
. . . . st quando ad consolationem hujus

1. Sic pour *resedentium*.

. . s de spiritu suo tantum dedit quo in ad-
. . . . vitæ hujus fiduciam caritatemque
. . . . . meius quem modum videmus habea-
. . . . . t dona unicuique propria ad instruc-
(tion)em ecclesiæ suæ, ut id quod ostendit
(ess)e faciendum, non solum sine murmore,
(sed) etiam cum delectatione faciamus.

(Se)RMO DE EVANGELIO UBI DICIT : *Diligite inimicos vestros.*

E V A N G E L I V M

cum legeretur,[1] audivit nobiscum (ca
ri)tas vestra Dominum præcipientem et dicen-
(te)m : *Diligite inimicos vestros; benefacite*
(ei)s qui oderunt vos;[2] sicut et apustulus : Noli vin-
(ci)a malo, sed vince in bono malum;[3] et, ne durum
(vo)bis et impossibile videretur, prior ipse
(Jesu)s, cum penderet in cruce, pro inimicis su-
(is) orans, ait : *Pater ignosce illis quia nesci-*
unt

Folio 50, recto.

quid faciunt.[4] Sed ne fortasse (dicatis :)
Ille hoc fecit Deus, quid Steph(anus, cum)
lapidaretur, imitator exsist(ens Christi fle)-
xis genibus orabat, dicens : D(imitte)
illis hoc delictum?[5] Itaque frat(res, quan)-

1. *Evangelium* ou *S. Evangelium cum legeretur audivimus*, commencement plusieurs fois employé par S. Augustin dans ses prédications. Voyez Sermon, 64, 67, 68, 104, 114, 145; Append. 70.

2. Matth. V, 44. — 3. Rom. XII, 21. — 4. Luc. XXIII, 34. Cf. *Serm.* 90, § 9. — 5. Act. VII, 59.

do inimicorum vestrorum pat(iamini perse)-
quutionem, magis eos diligit o . . . .
dilectioni mercis æterna scru . . . .
enim injustitia injusti poterit n . . . .
to, nisi primitus se ipsum noceat u . . . . . .
ri potest ut non iniquitas ejus qu. . . . . . .
ejus indignationem et odium pro . . . . . .
dendum te non prius ipsum vastet . . . . .
ut te temptet foris tuum corpus pr . . . .
adversitas illius animum putrefe(cit ini?)-
quitas. Nam quicquid in te profert . . . . .
redit. Cui ergo plus nocet intenda . . . . .
vestra ecce sæviendos poli a vitti . . . . . .
graviore damno percutitur quia u . . . . .
pecunia ma . . qui amittet fidem nor . . .
..ere damna ista qui habent oculum . . . .
rem. Multis enim fulget aurum, fide(s non ful)-
get; habent quippe oculos unde aur(um vide)-
ant, unde fidem videant non haben(t) . . . .
si haberent et viderent utique plus . . . . .
rent et tamen quando eis frangitur . . . . .
clamant invidiam faciunt et dicunt . . . . .
ubi est fides. Amas eam ut exigas en . . . .
ut exhibeas ergo quia omnes qui f ..r . . . .
tur justo g(ravio)re damno feriunt . . . . .

Folio 50, verso.

. . . . (pe)rnicie adflictantur cum in
. . . . ipse animus. Psalmus dicit [1] : Gla-

1. Psal. XXXVI, 14.

(dium evaginaveru)nt peccatores, intenderunt (arcum suum,) ut deiciant inopem et paupe-(rem, ut truci)dent rectos corde; framea (ipsorum int)r(e)t in c(o)r ipsorum. Facile est si . . . . s id est gladius ejus perveniat . . . . s tuum sicut pervenit gladius . . . . quutorum ad corpora martyrum . . . . rcusso corpore cor mansit in lae- . . . . lius autem cor qui gladium eduxit . . . . us justi non plane mansit inlesum . . . . . . ea eorum non dixit intret in corpus . . . . rum in corpore occidere voluerunt . . . . . . nim a moriantur illos enim quorum . . . . pora interficere cupierunt. Secu-(ros f)ecit Dominus dicens eis : *Nolite timere eos (qui co)rpus occidunt, animam autem non (poss)unt occidere.*[1] Quale est autem sævi-(re gl)adio non posse occidere nisi corpus . . . . et pro se occidere animam suam.. es . . . . . . contra se sæviant insaniunt non se . . . . . tamquam si vellet aliquis per corporis . . . . . . ferrum traicere ut conscindat... cam . . . . . . us attendis qua trajecis t...lli...ons . . . . . . vestem tuam carnem c.nsta. . . rgo . . . . . esse quod se ledunt inic.. et qu..sibi . . . . n. quam quod s.... de...rno...e

Folio 51, recto.

illis quos oderant ad tempus h . . . .
quos, o juste, in æternum non . . . .

1. Matth. X, 28.

vis est molestia tua æterna e . . . .
tua ad modicum dolebis sine fr . . . .
Sed inter molestias incipis la . . . .
et exemplum passionum Christi u . . . .
pertulit, qui quare perferret . . . .
Quantacumque patiaris non p(otes evehi ad il)-
las insultationes, ad illa flagel(la, ad illam igno)-
miniosam vestem, ad illam spe(rn)a(tam coronam)
ad illam postremo crucem. Non..e . . . .
jam de pœna generis humani s . . . .
cum enim antiqui scelerati cruc.ri . . . .
modo nullus crucifigetur hono..at . . . .
finita finita est in pœna maneant . . . .
a locis suppliciorum fecit transitu . . . .
tes imperatorum qui quantum hono . . . .
pœnis suis quid servat fidelibus suis . . . .
rebus his verbis, his adlocutionibus . . . .
exemplo confirmat justos dominus sæc. . . . .
quantum voluerint et quantum . . . .
fuerint peccatores confirmat ju . . . .
Quidquid acciderit justo volunta(ti Domini) deputet et non potestati inimici. S(athan non) potest ferire si ille noluerit, non p . . . .
voluerit ut feriat novit suum que . . . .
excipiat. Quem enim diligit dominus cor(ripit, flagel)-lat autem omnem filium quem recip(it.[1] Non si)-bi ergo plaudat iniquus quia flagel(la) . . . . .
de illo pater meus. Illum adsumat . . . .

1. Hebr. XII, 6.

Folio 51, verso.

. . . . rimoniam nec attendere de
. . . . permittat injustis sed quam
. . . . stis. Vis scire quid servat justis
. . . . (n)obis dictum est:[1] Dilectissimi,
(filii Dei sumus, et) nondum apparuit quod eri-
(mus, scimus) quia cum apparuerit similes
(ei erimus,) quoniam videmus eum sicuti est
. . . . r ergo nobis nescio quod dulce
. . . . ilum omnino et si cogitare
. . . . qua parte in enigmate et perspe-
. . . . potest dicere. Tamen nullo modo
. . . . pulchritudo illius dulcedinis quam
. . . . Deus timentibus se perficit autem
(spe)rantibus in se. Illud parantur corda
(no)stra in omnibus vitæ hujus laboribus
. . . . aris ad magnum aliquid pararis
. . . . . c vox cujusdam justi confirmati: non
(enim sunt) condignæ passiones hujus tempo-
(ris) ad futuram gloriam quæ revelabi-
(tur) in nobis.[2] Quæ erit futura gloria
. . . . nisi æquare angelis et videre
. . . . (qu)antum præstat cæco qui illi ocu-
. . . . averat ut videat hanc lucem cum
. . . . tus fuerit ille nec invenit quid
. . . . ndat sanatori suo quantum
. . . . umdet num quid dabit tale
. . . . ræstitit ac plurimum det au-
. . . . lle lucem præstitit ut nove

1. 1 Joan. III, 2. — 2. Rom. VIII, 18.

. . . . nihil dat videat in tenebris
. . . . quid ergo (no)s debemus medico
illi

Folio 46, verso.

Moyses tunc extendebat m(anus, cum) deponebat manus convalesc(ebat Ama)-lech,[1] ubi extendebat manus (deficiebat) Amalech; et tuæ manus ext . . . . ficiat Amalech temptator h. . . . . impeditor esto vigilet subri . . . . nibus et operibus bonis non pr. . . . . Christum quia extensio illa manuum . . . . . . crux fuit. In illa extenditur apost(olus) cum dicit :[2] Mundus mihi crucifixus (est,) et ego mundo. Ergo deficiat Amal. . . . . catur non inpediat transitum po. . . . . sed si dimittis manus a bono opere. . . . . . . ce Christi prævalebit Amalech tamen. . . . . . omnimodo aut continuo forte futu. . . . . . . putare aut pænitus desperando. . . . . cere alternatio enim illa defectu. . . . . fortitudinis in manibus servi Dei mo . . . . . . forte alternatio tua fuit aliquan. . . . . enim in temptationibus deficis se. . . . . non omnino succumbis deponebat (pau)-lulum manus non omnino ruebat. S(i di)-cebam : motus est pes meus, ecce mis(eri)-cordia tua, domine, adjuvabat me.[3] Noli . . .

1. Exod. XVII, 21. — 2. Gal. VI, 14. — 3. Psalm. XCIII, 18.

timere; adest interea auxiliator q(ui in) AEgypto non defuit, liberator no. . . . . re adgredere siam præsumes ec. . . . . aliquando ille deponebat manus. . . . . quando erigebat tamen victus e. . . . .

l. . . .

Folio 46, verso.

. . . . uperare non potuit . . . . E-DIE NOVISSIMO ET DE . . . . BUS ID EST DUO IN LECTU UNUS ADSUMETUR ET CITERA.

N O V I S S I M U M

(diem) scimus venturum; utiliter autem (scim)us venturum, et utiliter ignoramus (qua)ndo venturus sit. Paratum cor habea-(mu)s bene vivendo et non solum non timea-(mu)s venturum illum diem, sed amemus; di-(es) quippe ille sicut infidelibus laborem au-(get), sic fidelibus finit. Quid autem horum (du)orum velis esse antequam veniat? Nunc (enim) in potestate, cum venerit non erit. Eli-(ge e)rgo cum tempus est, quia Deus quod mise-(re)corditer occultat, miserecorditer dif-(fer)t. Jam vero quia in quocumque genere . . . . . e quod habet aliquam professionem (no)n omnes invenientur probi, non om-(ne)s reprobi, ex hoc apparet quia de qui-(bus)dam hominum generibus quæ per si-(milit)udines in evangelio modo proposita

. . . . . ium . . . e concludit, unus assume-(tur) et al(ter) relinquetur, adsumetur (bon)us (et relin)quetur malus. Videntur

Folio 47, recto.

duo in agro; eadem professio est. Sed mo . . . ior professionem vident homines c . . . . Quodlibet ergo ager significet, unus ads(u)-metur et unus relinquetur; non quasi dimidia pars adsumetur et dimidia relinquetur, sed genera hominum duo, et si aliud (in pauc)-is, aliud in multis; unus adsumetur (alter) relinquetur, hoc est unum genus adsumetur alterum relinquetur; sic de lecto sic in molendino exspectatis fortasse quid s . . . . videtis tecta esse similitudinibus qu(ibus)-dam involuta potest mihi aliud videri al(te)-ri aliud; sed neque ego quod dixero præscribo alteri ad meliorem intellectum nec ill. . . mihi ad utrumque accipiendum. Si utrumq(ue) cum [1] fide concordant, videntur mihi in agr(o) laborare qui præsunt eclesiis, sicut apostolus dicit: [2] Dei agricultura, Dei ædific(ium es)-tis, nam architectum se dicit cum dicit: Ut sapiens architectus fundamentum dedi . . . . et agricola cum dicit: [3] Ego plantavi, Apollo rigavit, sed Deus incrementum dedit. In (mo)-lendino autem duas dixit non duos; cred(imus) quod hæc figura ad plebes perteneat qu(are)

1. Le scribe avait d'abord mis *confide*. — 2. 1 Cor. III, 9. 10. — 3. Ibid. 6.

a præpositis plebes reguntur ; et molendinum puto [1] mundum istum qui rota quadam temporum volvitur et amatores nos conteret. Sunt ergo qui de actionibus mundi non recedunt ; sed tamen ibi alii bene operantur, alii sibi amicos faciunt de mammona iniquitatis a quibus recipiantur

Folio 47, verso.

in tabernacula æterna, [2] quibus dicetur : Esurivi et dedistis mihi manducare. [3] Alii ista neglegunt, quibus dicetur : Esurivi et non dedistis mihi manducare. Proinde quia de his qui versantur in negotiis et operibus hujus mundi, alii diligunt bene facere indigentibus, alii neglegunt, tamquam de duabus in molendino una adsumetur et una relinquetur. Lectum autem positum arbitror pro quiete, quia sunt qui neque actiones mundi pati volunt, sicut sunt conjugati homines habentes domos, familias, filios, neque aliquid in eclesia agunt sicut præpositi, velut in agricultura laborantes. Sed, velut ad hæc infirmi, secedunt ad otium et quieti esse diligunt, vel, uti memores infirmitatis suæ, non se committentes magnis actionibus et quodammodo in strato infirmitatis rogantes Deum ; et ipsa professio habet bonos, habet fictos. Proinde

1. *Dictum* ajouté au-dessus de la ligne. — 2. Luc. XVII, 9. — 3. Matth. XXV, 35.

etiam ex his unus adsumetur et unus relinquetur. Ad quamcumque te professionem converteris, para te patefectos;[1] alioquin si te non paraveris invenies quod sperabas, aut deficies, aut perturbaveris. Ad omnia ergo paratum te facit qui tibi loquitur, cum tempus est et illi loquendi, nondum judicandi, et tibi audiendi, nondum frustra pænitendi; est enim modo pænitentia non frustra, erit tunc frustra. Non enim tunc pænitebit

Folio 48, recto.

hominem male vixisse; sed nullo modo illis justitia Dei revocat quod sua injustitia perdiderunt. Justum enim aput Deum ut modo impertiat miserecordiam, tunc exerceat judicium; ideo nunc non tacetur an tacetur arguat. Quisque murmoret si non per totum orbem hæc scriptura recitatur atque cantatur, si cessat etiam venalis ferri per publicum; sed revera hoc te conturbat hominem christianum quia vides male viventes felices rerum istarum copiam circumfluere, sanos esse, superbis dignitatibus eminere, incolomem habere domum, gaudia suorum, obsequia clientium, excellentissimas potentias, nihil triste interpellare vitam ipsorum; mores nequissimos vides, faculta-

1. Sic.

tates[1] copiosissimas per(s)picis. Et dicit cor tuum : nullum esse divinum judicium ; omnia casibus ferri et fortuitis motibus ventilare.[2] Nam si Deus, inquis, res humanas respiceret, floreret illius iniquitas et mea innocentia laboraret ? Omnis morbus animi habet in scripturis medicamentum suum. Qui ergo sic ægrotat ut ista dicat in corde suo bibat potionem psalmi. Quid est ? Iterum inspiciamus quid dicebas. Quid dicebam, inquid, nisi quod vides ? Mali florent, boni laborant. Quomodo ista videt Deus. Accipe, bibe ipse tibi ; hoc de quo ista murmuras temperabit. Tantum ne recuses saluberrimum poculum. Adconmoda per aurem os cordis

Folio 48, verso.

. . . . audis. Noli subæmulare in ma-
. . . . . . is neque æmuleris facientes iniqui-
. . . . . . quoniam tamquam fænum cito ariscen(t et s)icut olera prati cadent. Quod tibi longum videtur cito est Deo. Subjunge te Deo et tibi cito erit.

XXXV. INCIPIT SERMO DE FIDE HOC DICIMUS ET HOC doceamus, carissimi, quod Deus lux est non corporum sed mentium. Beati, inquid, mundi corde quoniam ipsi Deum videbunt ;[3] omnibusque ad contemplandum

1. Sic. — 2. Corr. *ventilari*. — 3. Matth. V, 8.

communiter atque incommutabiliter præsto est. Hanc lucem qui non videt ita est quasi cæcus in sole cui nihil prodest ipsis locis oculorum ejus, tam clari[1] ac præsentis lucis fulget infusus. Qui autem videt et refugit consuetudinem umbrarum carnalium invalidam mentis aciem gerit. Parvorum[2] igitur morum . . . . . . as contrariis flatibus ab ipsa patria repercutiuntur homines posteriora atque inferiora sectantes. Purgandus est (ita)que animus, ut et perspicere illam lucem valeat et inhærere perspectæ ; quam purgationem quasi ambulationem quandam, (et) vel quasi navigationem ad patriam esse ar(bit)remur. Non enim ad eum qui ubique præsens est locus movemur, sed bono studio

Folio 49, recto.

bonisve moribus quod non . . . .
ipsa sapientia tantæ etiam . . . .
mitat congruere dignar . . . .
di nobis præberet exemplum . . . .
quam in homine quoniam et nu. . . . .
sumus, sed quia nos cum (ad) illam ven . . . .
ter facimus ipsa cum ad nos venit . . . . . .
nibus superbis quasi stulte fecis . . . .
est et quoniam nos cum ad illam . . . .
convalescimus ipsa cum ad nos ve(nit) . . . . .
si infirma estimata est ; sed quod stultum

1. Corr. *clare*. — 2. Corr. *pravorum*.

est Dei, sapientius est quam homi(nes) quod infirmum est Dei fortius est q(uam ho)-mines. Cum ergo ipsa sit patria et c . . . . . . no et puro interiore oculo ubique s . . . . sens eorum qui oculum illum infirm . . . . mundumque habent oculis etiam . . . . is apparere dignata est. Quia enim (in sapi)-entia Dei, non poterat mundus per sa(pien)-tiam cognuscère Deum, placuit Deo per (stul)-titiam prædicationis salvos facere (creden)-tes. [1] Non igitur per locorum spatia . . . . . . eno . . . o in carne mortali mortal . . . . . . appa . . ndo venisse ad nos dicitur il . . . . . . ergo ven(it) ubi erat, quia in hoc mundo (erat), et mundus per eum factus est. [2] Sed quo . . . cupiditate fruendi pro ipso creatore . . . . . . atura homines configurati huic mu . . . . et mund . . omine congruentissimo vo . . . . . non eam cognoverunt propterea di(cit) evangelista : Et mundus eam non cog(novit) [3] . . . . non poterat mundus

Folio 49, verso.

(per sapienti)am cognuscere Deum; cur ergo ve- . . . . set, nisi quia placuit Deo pers-(tultitiam pr)ædicationis salvos facere (credentes). [4] Quomodo venit, nisi quod verbum (caro fact)um est et habitavit in nobis, [5] sicu- . . . . . . quimur, ut id quod animo gerimus in . . . . s animum per aures carneas in

1. 1 Cor. I, 21. — 2. Joan. I, 10. — 3. Joan. I, 10. — 4. 1 Cor. I, 21. — 5. Joan. I, 14.

. . . . . . ur fit sonus verbum quod corde ges
. . . . et loquutio vocatur nec tamen in
. . . . o sonum cogitatio nostra converti
. . . . apud se manens integram formam
. . . . qua se insinuet auribus sine aliqua
. . . . suæ mutationis adsumit taver-
. . . . non commutatum ; caro tamen fac
(tum e)st ut habitaret in nobis sicut autem
. . . . . . vo vita est ad sanitatem sic ista cura
. . . . . . (pe)ccatores sanandos reficiendosque
. . . . . epit et quem ad modum medici cum al
. . . . ut vulnera non non [1] incompositæ sed
. . . . . æ id faciunt ut vinculi utilitatem quæ
. . . . pulchritudo etiam consequatur sic
. . . . icina sapientiæ per hominis suscep
. . . . nem nostris est adcommodata vulne
. . . . us de quibusdam contrariis curans
. . . . . de quibusdam similibus sicut etiam ille
. . . . i medetur vulneri corporis adhibet
. . . . . uædam contraria, sicut fr(igi)dum calido
(v)el umido siccum, vel aliquid (ej)usmodi ; ad
(hi)bet etiam quædam similia ut lenteolum

Folio 52, recto.

Quelques mots au bas de la page sont tout ce qu'il en reste :

tur . . . de caritate . . . .
nandi . Om . . . .
aperit. . . . .
de . . . .
mur quia . . . .

1. Sic.

Folio 52, recto,

Il ne reste que les trois dernières lettres des neuf dernières lignes. Vers le même endroit du volume se trouve un lambeau détaché qui pourrait avoir appartenu au f° 52, lequel contient la fin d'un sermon et le commencement d'un autre, ainsi qu'il suit :

. . . . et quid invenit calicem salutis . . . .
et nomen Domini invocabo.

E X H O R T A T I O N E M

divinarum lectionum et aliment . . . .
Dei bene cotidie pasci corda carit . . . .

Enfin la dernière page (53 r°) renferme ces quatre lignes par lesquelles le volume se termine :

habebimus Deum. Quicquid enim est quod
nobis modo at ipse nobis erit pro . . . .
bus quæ dat et ipsa erit perfect . . . .
plena pax.

Après avoir minutieusement décrit ce volume, comme nous venons de le faire, et donné tout ce qu'il nous a paru contenir d'intéressant, nous ne saurions nous dispenser de rapporter ce qu'on sait de son histoire.

C'est en 1681 que le P. Mabillon avait parlé du fragment de Paris[1] comme appartenant à la très-illustre dame de Fimarcon. Vers 1710 dom Bern. de Montfaucon l'acheta pour la bibliothèque de l'abbaye de St-Germain des Prés.[2] Tous deux,

1. Voici en quels termes :

« Ad nos usque pervenerunt libri non pauci in papyraceo cortice scripti : in quibus unus est penes nos libellus, octo continens folia. . . . . sed, ad alia proinde exempla veniendum est.

« Primum occurrit Petavianæ bibliothecæ volumen in folio minori, varios sancti Augustini sermones complectens, novem quaternionibus constans : in quo integra etiam nunc scriptura perdurat. Sic autem compactus est liber ut papyraceis foliis membranea intermista sint, ita ut primus quaternio intra bina folia membranea contineat unum papyraceum : secundus quinque papyracea, tertius quatuor intra duo folia itidem membranea : quartus septem papyracea geminis membraneis inclusa : et sic pro portione de ceteris.

« Alterum est exemplar quod quondam fuit ecclesiæ Narbonensis ; nunc vero penes illustrissimam dominam de Phimarcone asservatur. Continet hic codex quasdam Augustini epistolas, tractatus item ac sermones nonnullos ; constatque septem quinquennionibus, a quibus alii avulsi ac distracti sunt. Quilibet quinquennio continet unum folium membraneum et quatuor papyraceos seu corticeos, membraneo inclusos ; habentque singula folia in altum pollices sexdecim, in latum novem aut decem : omnia numero tria et sexaginta, quindecim videlicet membranea, corticea vero quadraginta et octo. Quodlibet folium ex duobus corticibus, iisque tenuissimis, ita compactum est, ut unus cum alio transversim conglutinatus componatur. Denique scriptura ex veteri Romana et nova conflata est, id est ex litteris majoribus plerisque, et quibusdam minoribus, quod argumento est codicem istum sæculo circiter VII fuisse exaratum. De hoc codice vero id observavit noster Petrus Buissonius, cujus relatu id accepi, corticis scripturam longe saniorem esse membranea : quæ ratio impulit nonnullos ut ad rei firmitatem membranis cortices præferrent : sed corticibus conservandis ac sustentandis membranas supponerent. Ex codice Petaviano curavimus delineari scripturæ specimen, quod inferius in ære incisum exhibituri sumus. Ejusdem generis fuisse non dubito codices illos *chartaceos*, de quibus sæpissime fit mentio in actione X Concilii VI cum discrimine *membranaceorum*. His adde codicem regiæ bibliothecæ, Aviti homilias continentem, ex quo specimen in Supplemento protulimus. (*De re dipl.* 7.) »

2. « Les livres écrits en papyrus sont encore plus rares (que les diplômes et chartes). L'évangile de S. Marc de Venise est écrit en ces sortes de feuilles, mais il est si pourri que les feuilles collées les unes contre les autres vont en pièces quand on veut les séparer. Le Joseph de la bibliothèque de S. Ambroise de Milan, écrit sur ces sortes de feuilles, est bien mieux conservé ; on le garde précieusement. Mais il n'y a pas de livre qui soit en meilleur état que celui des épitres de S. Augustin, qui est présentement dans cette abbaye et que j'acquis à notre bibliothèque il y a environ dix ans. » (*Antiq. expliq.*, 1719 ; III, 352, 356.)

. . . . Hic vero codex partem epistolarum S. Augustini complectitur uncialibus litteris sexto vel septimo sæculo scriptus. Nullum hactenus codicem papyræum Ægyptiacum saniorem vidimus, si scripturam, si folia ipsa spectaveris. Hic ms liber olim fuerat ecclesiæ S. Justi Narbonensis, atque, ut videtur, ad ecclesiæ istius

ainsi que les autres savants contemporains qui se sont occupés de ce manuscrit, disent qu'il provenait originairement de l'Eglise de St-Just, cathédrale de Narbonne. Entre Narbonne et Fimarcon la liaison est, en effet, plus proche qu'on ne l'imaginerait. Le marquisat de Fimarcon (*feodum Marconis*), petite contrée de Gascogne, était entré par un mariage, en 1499, dans la famille des vicomtes de Narbonne, dont les historiens font remonter la filiation par actes authentiques jusqu'à Francon, vidame ou vicomte de Narbonne en l'an 851.[1] Ce fut le vicomte Aimeri de Narbonne qui, le 23 mars 1499, épousa Anne de Lomagne, fille unique du marquis de Fimarcon. Il mourut en 1530. Son arrière-petit-fils Almaric de Narbonne, mort en 1622 d'une blessure reçue au siége de Montauban, avait cinq fils qui tous subirent un sort pareil au sien. Ils furent tués, l'un à Bordeaux, l'autre au siége de Clérac en 1622, un autre au siége de Pamiers en 1628; et, peu d'années après la mort du père, il ne resta plus de toute la famille que Paule-Françoise de Narbonne, la plus jeune des filles, qui avait épousé, en 1623, Antoine de Cassagnet, baron de Tilladet,[2] et qui par l'extinction de ses frères et sœurs devint l'héritière

usum scriptus. Hinc cum ad alias devenisset manus, me curante in bibliothecam nostram transiit. Mabillonius noster *De re dipl.* codicem ms commemorat, olim bibl. D. Petavii, qui codex aliquot S. Augustini sermones complectitur, in quo papyri folia, quemadmodum et in nostro, aliquot vitulinis foliis admixta sunt, eodem prope situ atque numero. Codicem illum nusquam videre potueram, neque in quorum manus devenisset deprehendere. At, cum dissertationem in papyrum Ægyptiacam in publico Academiæ nostræ literatorum cœtu legissem, is ad quem tum pertinebat ille codex, ubi ex iis quæ dixerem codicem suum magni esse pretii intellexit, de vendendo illo cogitavit ac revera magno pretio vendidit illustrissimo domino Lullin Genevensi. (*Bibl. bibliothecar.*, 1739; II, 1123.)

1. Dom Vaissète, *Hist. de Languedoc*, II, 549.

2. Capitaine aux gardes de Louis XIII, cité avec honneur par Tallemant des Réaux, II, 257 (édit. de 1854).

de Fimarcon. Cette dame, « illustre » en vérité, devint veuve en 1644 et vécut jusqu'en 1687.[1] C'est donc bien d'elle que parle Mabillon dans sa *Diplomatique* publiée en 1681. Maintenant, si l'on compte que ses ancêtres avaient été dès un temps immémorial en possession de l'avouerie de l'église de Narbonne, et que le chapitre de cette cathédrale vivait canoniquement sous la règle de S. Augustin,[2] on serait bien difficile de ne point ajouter foi à la tradition de famille suivant laquelle la marquise regardait son manuscrit comme provenant de St-Just. Cet antique volume devait être quelque présent du chapitre, ou quelque trophée que les sires de Narbonne croyaient certainement d'un grand prix pour leur propre histoire puisqu'ils l'avaient si bien conservé. Mais, pour la maison de Cassagnet ce n'était plus qu'un héritage de troisième main, et Jean-Jacques de Cassagnet, fils de la marquise de Fimarcon, mort en 1708, ayant laissé treize enfants, il n'est pas étonnant que le manuscrit soit entré à cette époque dans la bibliothèque de l'abbaye de St-Germain des Prés.

Madame de Fimarcon ne posséda certainement que la première partie du volume; mais, pour que la fin du même manuscrit se soit aussi conservée, il nous paraît vraisemblable qu'elle a également traversé la période du moyen âge sous la garde de quelque autre branche de la maison de Narbonne,

1. Voy. La Chesnaye-Desbois, *Dictionn. de la noblesse*, III, 533; X, 689.
2. Dom Vaissète, t. II, p. 414.

qui en a fourni un grand nombre. Ce trésor de famille a pu être dépecé entre trois différents intéressés, et il ne serait pas très-étonnant que la partie intermédiaire (cahiers XII à XXIII), qui nous manque aujourd'hui, se retrouvât une fois quelque part. Deux manuscrits de S. Augustin du même temps que le nôtre, conservés à la bibliothèque de St-Gall, nous avaient paru un instant, sur les indications de l'abbé Martin Gerbert,[1] pouvoir contenir quelque débris de celui que nous examinons; mais des renseignements qui nous ont été envoyés de St-Gall sur ce point par M. le Dr Ernst Gœtzinger ont promptement dissipé cette illusion.

Quant au fragment conservé à Genève, et qui ne peut pas ne point venir primitivement aussi de St-Just de Narbonne, on ne sait rien des vicissitudes qu'il a subies avant d'entrer dans la bibliothèque de la docte famille des Petau. Cependant il porte deux indices qui pourront mettre sur la voie, savoir : 1° quelques notes d'un érudit du XVIIe siècle écrites sur les marges ; 2° un nom du XVIe, *CHOISNYN*, inscrit en tête du second feuillet comme le nom d'un propriétaire.

Par une rencontre, non fortuite et très-remarquable pour nous, le même nom se trouve écrit de la même main et placé de la même manière, en tête du f° 8 r°, dans le volume en papyrus des homélies de S. Avit auquel est consacrée la *Notice* ci-dessus de M. Delisle. Quel est ce Choisnyn? ce bibliophile

1. Martini Gerberti (abbatis congreg. S. Blasii in Silva Nigra) iter Alemannicum, accedit italicum et gallicum. Typis San-Blasianis, 1765, in-8° pag. 86, et suiv.

si complétement obscur et qui possédait dans sa bibliothèque deux manuscrits de cette importance? Le nom, très-français d'ailleurs, de Choisnyn n'est connu dans les menus détails de l'histoire de France qu'à Châtelleraud. Il y avait au moyen âge dans cette petite ville une famille Choisnyn qui avait fini par s'enrichir, par occuper les charges municipales du lieu, par avoir sa chapelle sépulcrale dans une paroisse de la ville et par arriver aux emplois de finance de la province. Elle en était là vers le milieu du XVIe siècle, lorsqu'elle produisit un personnage, le seul homme éminent qu'elle ait eu, le seul qui ait laissé trace dans l'histoire, et le seul, croyons-nous, à qui l'on puisse attribuer la possession de nos deux manuscrits. Nous voulons parler de Jean Choisnyn, le fidèle et intelligent secrétaire de l'ambassade française par l'habileté de laquelle le duc d'Anjou (Henri III) fut élu au trône de Pologne ; c'est lui qui, après avoir contribué au succès pour sa bonne part, rédigea en très-bon style le récit de cette affaire.[1]

Quant aux notes du XVIIe siècle écrites sur les marges du manuscrit de Genève, ce sont quelques renvois et quelques explications en latin faites de très-bonne main et qui rappellent tout à fait, par l'esprit qui les a dictées comme par leur écriture, les notes dont Nicolas Lefèvre, le modeste et savant précepteur du roi Louis XIII, a couvert, sans ménagement,

1. Discours au vray de tout ce qui s'est faict et passé pour l'entière négociation de l'élection du Roy de Polongne. Faict par Jehan Choisnyn de Chastelleraud secrétaire du Roy de Polongne. Dédié à la Royne Mère des Roys. Paris, 1574, in-12. — En dehors de ce livret nous n'avons rien trouvé sur J. Choisnyn, sauf un acte de l'an 1581 où il agit comme greffier de la Cour des aides en l'élection de Châtelleraud (Bibl. imp. ; cabin. des titres), et dix lignes sur sa famille dans Dreux du Radier (*Bibl. du Poitou*).

les marges d'un certain nombre de manuscrits de l'ancien fonds du roi.[1]

C'est en 1720 que le professeur Ami Lullin trouva ce manuscrit en possession des héritiers des Petau. Il avait été relié par les soins, non de Paul Petau mort plus d'un siècle auparavant (en 1614), mais de son fils Alexandre. La reliure, en veau, porte au dos le monogramme du nom des Petau, sur le plat leurs armes ornées de la devise : NON EST MORTALE QUOD OPTO, et, à l'intérieur, une étiquette, avec les mêmes armes et les mots : *Ex libris Alexandri Petavii in Francorum curia consiliarii, Pauli filii.* Sur la première garde sont les deux beaux certificats que voici :

« *Hunc codicem ex papyro AEgyptiaca vidi et evolvi, e(t*
« *sexto) vel cum tardissime septimo sæculo scriptum judicavi.*
« FR. BERNARDVS DE MONTFAVCON. »

« *Summa cum voluptate hunc codicem vidi et percurri*
. . . . SCIPIO MAFFEIVS. »

Nous avons décrit complétement nos deux manuscrits de S. Augustin, nous avons démontré, complétement aussi et surabondamment peut-être, leur intime connexité ; il ne nous reste qu'à les envelopper tous deux dans le jugement que les savants auteurs du *Nouveau Traité de Diplomatique* (I, 487) portaient sur celui de Paris : « En ce genre la France n'a rien de plus précieux. »

1. Voy. entre autres anc. fonds lat. n° 1731 et 1732.

EN TOVT BIEN

Dilect[illegible] [illegible] inc[illegible]

[A]udimus et miramur ex evangelica lectione dicentem
Zacheum [illegible] quia [illegible] salus domui huic facta [illegible]
[illegible]tudinis [illegible] opinanti [illegible] in sanctam xpianam
[illegible]vocationis [illegible] [illegible] [illegible]
[illegible] [illegible] [illegible] [illegible] sublime
[illegible] [illegible] humiles [illegible]
[illegible] [illegible] tempora [illegible]
[illegible] [illegible] dicere [illegible]

[illegible] [illegible] [illegible] [illegible] [illegible]
[illegible] [illegible]
Dilect[illegible] [illegible] [illegible]
urbis [illegible] [illegible]
[illegible] Dilect[illegible] [illegible]
[illegible]

HOMÉLIES D'AVITUS VIme Siècle

3me Fragment

6

HOMÉLIES D'AVITUS VIe Siècle

HOMÉLIES D'AVITUS VIe Siècle

5e Fragment

(Manuscrit de S. Germain-des-prés (Paris) f° 19. V°)

.... reli
gionis opem gratos dat sensibus im
bres exspectat quos plena fides xpi
de stipite pendens

XVII DOMINO DILECTIS
SIMO ET IN XPO PRAEDICANDO
NIMIUM DESIDERABILI FRATRI
AUDACI AUGUS IN DNO SALUTEM
BREVEM EPISTULAM TUAM SED PLANE
UEHEMENTER FLAGITATRICEM PRO
LIXAE EPISTULAE MEAE NOMINUITUS

(Manuscrit de Genève, f° 48. V°)

LONGUM UIDETUR CITO EST DÕ SUBIUNGE TE DÕ ET
TIBI CITO ERIT

XXXVI INCP SERMO DE FIDE
HAC DICIMUS ET HO
DOCE AMUS CARISSIMI QUOD DS LUX EST
NON CORPORUM SED MENTIUM BEATI

LETTRES ET SERMONS DE S. AUGUSTIN, VIe Siècle

www.ingramcontent.com/pod-product-compliance
Ingram Content Group UK Ltd.
Pitfield, Milton Keynes, MK11 3LW, UK
UKHW020146200726
13856UKWH00003B/874

9 782013 073790